该书以**孔子思想**为主导，融通**儒家思想**作为理论根据，
广集中外企业成败典型实例，总结其中经验教训，作为实践的借鉴。

《论语》与商道

倪世和 著

江西人民出版社

前 言

孔子是儒家学派的创始人,《论语》是儒学第一书,也可以说是中国传统文化第一书。两千五百多年来,《论语》浸透中华民族的心灵,铸造着中华民族的精神形象。《论语》又是东亚文化圈各国共同的千古不磨的宝典,是东亚各国传统文化的重要根基之一。非唯如此,《论语》之影响和魅力遍于全世界,在世界文化中发挥了并必将继续发挥显著的作用。古今中外研究《论语》的论著数不胜数,然而专门研究《论语》与工商实业关系的著作却为数不多。日本近代著名的实业家涩泽荣一(1840—1931),是日本近代化过程中在经济方面引领时代潮流的人物,在他的心目中,“孔子是实业界最亲近的朋友。”“《论语》是商业上的圣经。”(《青渊百话》)他平生一部《论语》“常不离座右”(《论语与算盘》)。他的《论语与算盘》等著述,至今仍有很大影响。倪世和先生的《〈论语〉与商道研究》,则是站在当代工商兴业的立场上,密切联系中国的现实,解读《论语》的财富观,这方面的论著实不多见。作者在这样一个已往缺乏研究而又极其重要的视域中立题,仅此就不能不引发读者的兴致了。读过此书,颇受启发,觉得它有几个方面的特色。

其一,著作目的在于以孔子思想指导实业,不是单纯的学术理论研究。作者谓:其旨在弘扬、传承孔子和《论语》的伟大思想,研究并运用古之圣贤先哲理念之精髓,探讨中国实业货殖致富之正确的商道,倡导中国实业界精英做"士魂商才"之典范。希望商界同仁做到一手拿《论语》,一手操电脑,沿着仁义之商道,为国创收,为民谋利,促进国家现代化经济文化建设之发展,以期促进民之富裕,国之昌强,实现孔子之夙愿:"老者安之,朋友信之,少者怀之。"这里涉及到义、利关系问题,孔子之后,儒家有两种义利观,一种是提出"罢黜百家,独尊儒术"的董仲舒所主张的"正其谊不谋其利,明其道不计其功",另一种是陈亮、叶适、颜元等功利学派、实学派思想家们所主张的"正其谊以谋其利,明其道而计其功"。我想后者的主张可能更契理契机。作者正是继承和发挥了后者的思想,结合实际,展开论说,立意宏远,思路开阔,表现出强烈的时代感、责任感、使命感。

其二,话语中心是由孔子仁义之道、诚信之道、忠恕之道而论工商兴业之道,颇有新意。作者视《论语》为实业家之"圣经",通过诠释孔子的财富观,积极倡导"财富可求"的理念,主张"己富而富他人,己利而利他人"。由此立场出发,论说工商业者应树立"其争也君子"的竞争意识,恪守诚信无欺的竞争准则;具备贫而无谄、贫而乐道,富而无骄、富而好礼的品质;养成戒奢、戒吝、戒色、孝敬父母、尊重兄长、友善亲朋的德行;锻炼"纳于言,敏于行"的观察思考力、决断力和执行力;讲究商家取胜之谋略;注重家族企业的制度建设、文化建设、人才培养等问题;追求战略创新、产品创新、管理创新之"日日新"的目标。全书一气呵成,依据孔子之教,纵论求财富的目的意义、方法途径,实业家的素质、品行、能力及创新精神。这些内容都是对《论语》别开生面的解读。

其三,善于发现《论语》中的典型人物,借以发挥自己的思想。其中最引人注目的是,作者从孔子弟子中选出了三位楷模人物。一位是子贡,他是"孔子圣门高徒,不受官府之命,凭个人之智慧,治生致富,把握商机,亿则屡中,资助孔子老年时期之生活,实乃中国古代儒商之典范。"另一位是颜回,他"箪食瓢饮,贫而乐道,艰苦朴素之精神,虽然值得后人颂扬,但是,一味宣传清贫,是不适宜的。因其生活质量差,发早白,刚到而立之年就去世,且有棺无椁,可怜的老父为之奔波。颜回可以说于家庭无补,于社会无多益。现代工商企业家既要学习颜回吃苦耐劳之精神,更要学习子贡善于猜度,奔波鲁曹之间，卖鬻贵，亿则屡中之商才。”第三位是子路，他是“古代具有仁义品格的武士。当今之企业家们应以子路为榜样，衣轻裘，与朋友共，蔽而无憾，忠于国家，英勇无畏，为国捐躯，此实乃国之商人之‘士魂’也！”对这三位楷模的论评，是本书的一大亮点，发人深省。三位楷模恰巧体现了儒家提倡的智、仁、勇三种品格，正如孔子所说：“知者不惑，仁者不忧，勇者不惧。”

其四，理论密切联系实际，不务玄理空言。该书以孔子思想为主导，针对现实问题，广引古今中外哲人之名言，融通儒家思想与其他学派的思想，作为理论根据；广集中外企业成败之典型实例，总结其中的经验教训，作为实践的借鉴。这样，《论语》进入了人们的现实生活，人们的现实生活贴近了孔子。

其五，该书凝聚着作者的真切体验。倪世和先生从事过教学和教育管理的工作，后来成了一位成功的企业家，他不仅自己有丰富的企业经营经验，而且熟知企业界的情况，书中所论内容是建立在真情实感基础上的，“如人饮水，冷暖自知”，有些内容不是一般学者能写出来的，我想在工商业界会引起更多的共鸣。

当然，研究《论语》有许多不同的角度，可以是侧重学术性、理论性的，也可以是侧重联系某一方面的实际的，都有其各自的价值和意义。本书在众多的《论语》研究论著中，体现出自身的价值和意义。

最后，我想说一点感受。那就是，如果不了解作者的情况，读完这本书，可能会以为作者是一位踌躇满志的少壮企业家，很难与古稀之年联到一起。由于此，我对倪世和先生表示由衷的感佩。

北京大学哲学系教授

博士生导师　魏常海

2010年6月8日

目录

内容摘要 1

绪论 1

1.研究背景、目的、意义 ◎1

2.文献综述 ◎9

一、商与道 21

1.待贾卖玉 ◎21

1.1 求善沽 ◎21

1.2 沽与商 ◎22

1.3 屡空与屡中 ◎25

1.4 清贫与富贵 ◎27

1.5 悟经商之道 ◎30

二、财富可求 36

2.1 孔子的财富观 ◎36

2.2 富与仁 ◎38

2.3 仁者立己立人 ◎40

2.4 仁义勿空谈 ◎42

三、君子也争 45
3.1 君子也争 ◎45
3.2 仁者不惧 ◎47
3.3 商才与士魂 ◎49
3.4 效先贤之义勇 ◎51

四、竞争的道德 53
4.1 诚信无欺 ◎53
4.2 得道与失道 ◎58
4.3 利己与利众 ◎59
4.4 切骨之疾　磨玷之污 ◎64

五、贫无谄　富无骄 67
5.1 贫无谄 ◎67
5.2 富无骄 ◎67
5.3 自省与慎行 ◎69
5.4 巧语与忠言 ◎71
5.5 谦虚有度 ◎72
5.6 泰而不骄 ◎74
5.7 切切偲偲 ◎74

六、俭与奢 76
6.1 奢不逊　俭则固 ◎76
6.2 俭养心　奢不足 ◎77
6.3 财富裕　用有度 ◎78
6.4 富戒吝　周济众 ◎81

6.5 富戒色　伦理扬 ◎91
6.6 孝父母　仁之本 ◎93

七、纳于言　敏于行 95
7.1 纳与敏 ◎95
7.2 思与敏 ◎96
7.3 学与思 ◎98
7.4 敏于行 ◎102
7.5 知难而行 ◎106

八、善于谋略 108
8.1 暴虎冯河 ◎108
8.2 知胜之道 ◎109
8.3 攻守之道 ◎111
8.4 修道保法 ◎112
8.5 善忍者胜 ◎112

九、家族企业经商之道 115
9.1 父辈创业 ◎115
9.2 子女继承 ◎117
9.3 权利制衡 ◎119
9.4 富之教之 ◎120
9.5 德本财末 ◎123

十、创新之道 125
10.1 深渊与薄冰 ◎125

10.2 人才三本 ◎127

10.3 战略创新 ◎130

10.4 管理创新 ◎132

10.5 日日新 ◎135

结论与建议 137

参考文献 138

后记 142

内容摘要

关键词:论语、商道、竞争、诚信、财富、创新

1.研究背景

1.1　现今社会,功利主义盛行,国人尤其是官府、商界之一些权贵者们心态扭曲,他们“德之不修,学之不讲,不义不能徙,不善不能改。是吾之忧也。”(陈昌明译注:《论语》。)孔子在2500多年前对当时社会丑恶现象之批评,与现今社会出现的道德缺憾何其相似乃尔。

如何扭转当今社会一些贪官、奸商为富不仁,重利轻义,“不修、不学、不讲、不徙、不改”之弊端?中国共产党和国家政府用心良苦,大力提倡“八荣八耻”,加强精神文明建设和惩治并举;北京大学等诸多高等学府,积极开展国学普及教育,用国学之宝典——孔子为代表的儒学,教育国人,整饬民风,转变民态,积极倡导孔子及儒学之高尚品质和良好的道德风尚,此乃是一项伟大而长久的全民教育复兴工程!

1.2　中国的儒学博大精深,内容相当丰富。其中,《论语》一书,应是儒学之精华。此书记录了孔子及其弟子门人们平常活动、对话之内容,它大概是孔子仙逝50年后汇集编辑而成的。古今研究《论语》的专家、学者不胜枚举,解读《论语》的专著似夏夜繁星,指不胜屈。真正用《论语》指导工商实业发展的文章,却为数不多,尤其把孔子的财富观和当今工商兴业之道紧密结合的专著,非常之少。

1.3 我在北京大学哲学系魏常海教授的热心指导下，撰写了《〈论语〉与商道》一书，目的就是探求孔子的财富观，研究《论语》与商道之关系，倡导国之工商实业家们积极求财求富，用仁义、诚信之理念，实现货殖，“亿则屡中”；同时，要努力做到“己欲立而立人，己欲达而达人”，尽己之忠，恕他人之富，做到“爱众亲仁”。

2.孔子的财富观

2.1 以孔子为代表的儒家学说，具有积极的普世价值。正确理解孔子的财富观，对研究孔子的普世价值和仁爱思想具有十分重要的意义。

孔子曰：“富而可求也，虽执鞭之士；吾亦为之。如不可求，从吾所好。”(《论语·述而》，第68页。)孔子认为，财富是可求的，即使是替他人执鞭赶车，或是执鞭守门做保安，我也乐意去做的，凭自己的劳动而取得的俸禄，是可以享受的；如果不能得到这份差事，我还是去干我自己喜欢干的事情。从这里我们可以清楚地看出，孔子首先肯定财富是可求的，不拒绝财富，即使去干执鞭这样的下等差事，获得财富，也是自己辛勤劳动之正道而得焉。孔子不主张做“苦行僧”，孔子思想非清心寡欲，富贵人之所欲，贫贱人之所恶也。

2.2 孔子曰：“富与贵，是人之所欲也；不以其道得之，不处也。贫与贱，是人之所恶也；不以其道得之，不去也。君子去仁，恶乎成名？君子无终食之间违仁，造次必于是，颠沛必于是。”(《论语·里仁》，第33页。)孔子之意是说：财富与地位高贵，是人人都喜欢，人人都渴求的；如何求得财富和地位？这是一个重大的问题，用正道得之的富贵，才是可以享受的，即“可处的”；贫穷和卑贱是人人都厌恶的，如果因不测而导致贫贱，也只有忍受了。孔子强调说：君子不能去掉仁，就是一顿饭的工夫，有人来访问，也应该接待，不能对百姓不仁；即便在颠沛流离之际，也不要去掉仁。孔子学生子贡是一位既具有仁爱思想、又具有经商之才的先贤仁者。

3. 商才与士魂

3.1 子贡之商才

本书研究《论语》与商道之关系，发现子贡"不受命"，善于猜度，把握商机，不辞辛劳，奔走于鲁曹之间，卖鬻(yù)贵，府库充盈，亿则屡中。后供养孔子老年期间的生活。孔子去世后，孔子门人为孔子守孝3年，唯子贡为孔子守孝6年。子贡既是中国古代商才之典范，又是孝悌之榜样，更是当今之工商实业家求财致富之楷模。

春秋时期，还有一位经商之贤才——越国的范蠡，其先为越王勾践谋臣，在越王勾践打败吴王夫差之后，为躲避勾践之迫害，带着家人，逃往齐国经商求财，富之济众；后定居于陶，继续经营致富，且多次济众。受到广泛赞扬，被后人誉为"商圣"。

古代之先贤子贡、范蠡经商货殖，且能济众爱民，实乃当今企业家们之榜样！

3.2 颜回之贫穷

研究还发现，孔子弟子、兖国公颜回箪食瓢饮，贫而乐道。颜回勤奋学习之精神，艰苦朴素之品质，虽然值得后人颂扬，但是，一味宣传清贫，是不适宜的，不恰当的，不可取的。孔子要实现"老者安之，朋友信之，少者怀之"的理想社会，必有相当的财富作基础，才能如愿。国家要富裕，民众要安康，国防要强大，一定要有经济作后盾，才能实现。故而，民众只有积极地求财求富，才能过上富裕安康之生活，才能摆脱陋巷瓢饮之贫困。当年的颜回因其生活贫穷，营养肯定不良，饮食质量差，发早白，刚到而立之年就去世，且有棺无椁，可怜的老父为之奔波。颜回可以说对父母未能尽孝，于家庭无补，于社会亲友亦无多益。所以，我认为现代工商企业家们既要学习颜回勤俭好学之品质、吃苦耐劳之精神；更要学习子贡、范蠡善于猜度、把握商机、奔波鲁、曹、越诸侯国之间，置桑麻，卖鬻贵，亿则屡中之商才。同时，还要传承“君子也争”之精神。

3.3　子路之“士魂”君子也争

经商做生意需具备商才，还应有武士之勇气，敢于竞争之精神。孔子曰：“君子无所争，必也射乎！揖让而升，下而饮。其争也君子。”孔子之意是说：君子处处以仁义为处世之准则，不争名夺利，但是该争之时必争，不争是君子，争也是君子。尤其是现代市场经济，处处充满竞争，竞争无处不有。生存竞争是人类社会之发展规律。“争”就要有“士魂”之勇气。研究发现，孔子七十二贤人中，子路实乃古代具有仁义品格的武士。当今之企业家们应以子路为榜样，既要讲仁义之道德，愿车马衣轻裘，与朋友共，敝而无憾之品质；又要发扬忠于国家，英勇无畏，为国捐躯之精神。此实乃国人之“士魂”也！

当今工商企业家们应以古之先贤为典范，积极探求正确之商道，且须“一以贯之”坚持下去。

4.商道与仁道

4.1　诚信经营

市场经济与竞争密不可分，诚信是竞争取胜的根本保证。孔子曰：“人而无信，不知其可也。大车无輗(ní)，小车无軏(yuè)，其何以行之哉？”(《论语·为政》，第18页。)孔子之意是说：一个人做事如果不讲信用，真不知道他如何待人处世。不讲信用，就像牛车、马车没有车辕前面两根关键木头销子，车子是无法行进的。

诚信，对经商做买卖者，犹如牛车、马车上的輗和軏一样，须臾不可或缺，否则，无法前行，利益无着。所以，经商之人一定要十分重视诚信。这是做生意的准则，是正确商道的根本，是依仁经营的最起码的要求。做商人必讲诚信，否则，难以前行矣。讲诚信才会有用户，有用户才会有生意，有生意才会有效益，有效益才会有财富，有财富才会有"安之、信之、怀之"。故诚信是企业家必须具有的品质，也是做人最起码的道德。

做生意既要利己，更要利他，决不能只利己不利他。孔子曰："放于利而行，多怨。"(《论语·里仁》，第36页。)一心利己者必害己也。2007年中国某公司向马来西亚出口一批化工产品货物，由于没有诚实报关，货到马来西亚海关被查出危险品，这家公司遭马来西亚海关起诉，被判处6500万美元罚款。其实，那批货物只值几十万元人民币。此案例足以说明，企业经营不讲诚信，一心利己者，多怨也！也是注定要承担责任、付出代价的。

4.2　商道与仁道

子贡曰："如有博施于民而能济众，何如？可谓仁乎？"子曰："何事于仁！必也圣乎！尧舜必犹病诸！夫仁者，己欲立而立人，己欲达而达人。能去近譬，可谓仁之方也。"(《论语·雍也》，第64页。)

子贡"不受命"，善猜度，货殖，亿则屡中。一天，子贡问孔子：一个人富有之后，能广泛地济贫济众，这个人怎么样？能称为仁吗？孔子回答说：这个人不仅是仁者，还一定是个圣人！连尧舜恐怕都做不到。有仁德的人一定是既立己也立人，自己想要做到的，也一定会帮助别人做到。推己及人，这就是实行仁的方法。子贡对仁和圣，还不十分理解，认识有些混淆，故孔子对他进行开导，区别仁和圣的不同层次内容，圣高于仁，连尧舜恐怕都做不到真正的圣。

"仁"是孔子倡导的儒家道德的最高标准。在《论语》二十篇里，"仁"字出现105次之多，后文将有论述。儒家思想的核心内容，应是"仁"，它始于"孝"。孝乃仁之本，有"孝"才有"仁"，有"仁"才有"义"，有"义"才有"礼"。

"仁、义、礼"乃儒家思想之重要精华,亦是现今企业经营者必须遵从的道德规范。故商道乃仁道也。

企业家们讲究诚信,以仁求富,富裕之后,应厉行节俭,济众爱民,财富使用有度。

5.财富裕,用有度

5.1 济众爱民

上文简述孔子"仁"的思想,立己立人,爱众亲仁,达己达人,推己及人。这些教诲应是今之企业家们须认真领会并付诸行动的。媒体报道的江苏省黄埔再生物资集团董事长陈光标先生, 早在2008年5月四川汶川大地震发生后至今(2010年春节),已陆续捐助10多亿元人民币,受到中国政府总理温家宝先生的亲切接见,被誉为中国"首善"慈善家。陈光标先生之善举,代表了中国一部分富裕商人的仁义之道德,是当今企业家们立己立人、达己达人、推己及人之楷模也!

5.2 戒奢宁俭

企业家要珍惜财富,戒奢侈浪费,戒女色,厉勤俭。要把财富资金用于公司新产品开发上,用于员工薪酬福利上,更要像陈光标先生那样,承担一定的社会责任,为国家分忧,为百姓解难。然而,现今有些企业富豪却只顾自己享乐。据北京媒体披露:中国石化总公司前总经理陈同海贪污、受贿近2亿元人民币,每天奢侈挥霍公款4万多元,相当于中石化基层近20名工人一个月的工资。北京近郊最豪华高档的别墅,最高档豪华的轿车,几乎都是山西煤老板和有名富豪的。他们不仅拥有豪宅、豪车,还包养美女相伴,过着穷奢极欲的生活。这些煤老板们心里有无整天在数百米深井下,拼命采煤、满身灰尘、时刻同死神打交道的矿工弱势群体?有无社会和国家?这些丑恶现象如得不到遏制、得不到纠正，这些老板们迟早要走向极端，势必给社会带来不安，也迟早要威胁到国家政权的稳定。所以，我诚恳地希望全国的企业家们，努力修炼己身，从内心里确起立仁爱之思想，立己立人，爱众亲仁，才会有众星拱之。

因此，中国工商实业家同仁们，一定要做到贫而无谄，富而无骄，宁俭勿奢，达己达人，推己及人。且要慎于言，敏于行。

6.慎于言，敏于行

6.1 思与敏

孔子曰："君子有九思：视思明，听思聪，色思温，貌思恭，言思忠，事思敬，疑思问，忿思难，见得思义。"（《论语·季氏》，第184页。）

孔子之意是说：君子观察社会，处人做世，要多思考，多动脑筋。看事物时，要看清楚、看明白、看仔细，切勿"走马观花"，只看事物表象，只有一点感性认识；听别人说话时，要认真听，听仔细，听明白，不要听得似是而非，稀里糊涂，不求甚解；观察别人时，脸色是否温和、是否有礼貌，是否庄重？听他人之言，要分析是否忠诚，自己言之亦要忠诚；做事，要看是否严肃认真，尽职尽责；遇到疑难问题要考虑如何请教他人，不要不懂装懂；遇到烦恼之事，要控制自己的情绪，勿发怒，内心清净如水，勿使众人感到惧怕，这样才能建立社群之间的和谐关系，这是企业领导者要认真修炼的重要内容。企业家不要一看到有利益就不择手段捞取，要把仁义放在首位。

孔子之九思，可谓人生察事观物之哲理也。孟子曾云：心之官则思也。人有大脑，脑之作用全在思。善思则明，明则能行，行则敏，敏则成也。

6.2 敏于行

敏：敏锐、敏捷、敏感。孔子九思即可突出为一个"敏"字。如何做到

"敏"？敏，既有人之先天之智慧，更有人之后天之学习。所以，敏与学密不可分也。

关于学的论述，《论语》第一篇即"学而"。孔子曰："学而时习之，不亦说乎。"学习获得了知识，是件非常快乐的事情。在《论语》季氏篇里，孔子曰："生而知之者，上也；学而知之者，次也；困而学知之者，又其次也；困而不学，民斯为下也。"(《论语》，第184页。)由此可见，孔子把学习与九思紧密联系在一起。古今任何一位企业家不可能先天就会经营，绝大多数都是经过后天的学习才获得了知识和能力的。

所以，中国企业家同仁们，要努力读书学习，做到慎于言，敏于行，讷于言，慎于行，不断提高自己的观察力、分析力、判断力、决策力、创新力、科学领导力，其中最重要的是执行力。无论是国有企业，还是股份制企业、私有民营企业，只要遵循孔子之教诲，像日本商人那样，一手拿《论语》，一手拿算盘，坚持"苟日新，日日新，又日新"，中国的企业一定可大展宏图，中华民族之复兴指日可待也！

《论语》是中国古代一部伟大的教育哲学、伦理哲学，也是经商实业家们的一部"圣经"。愿商界精英们做仁者吧！

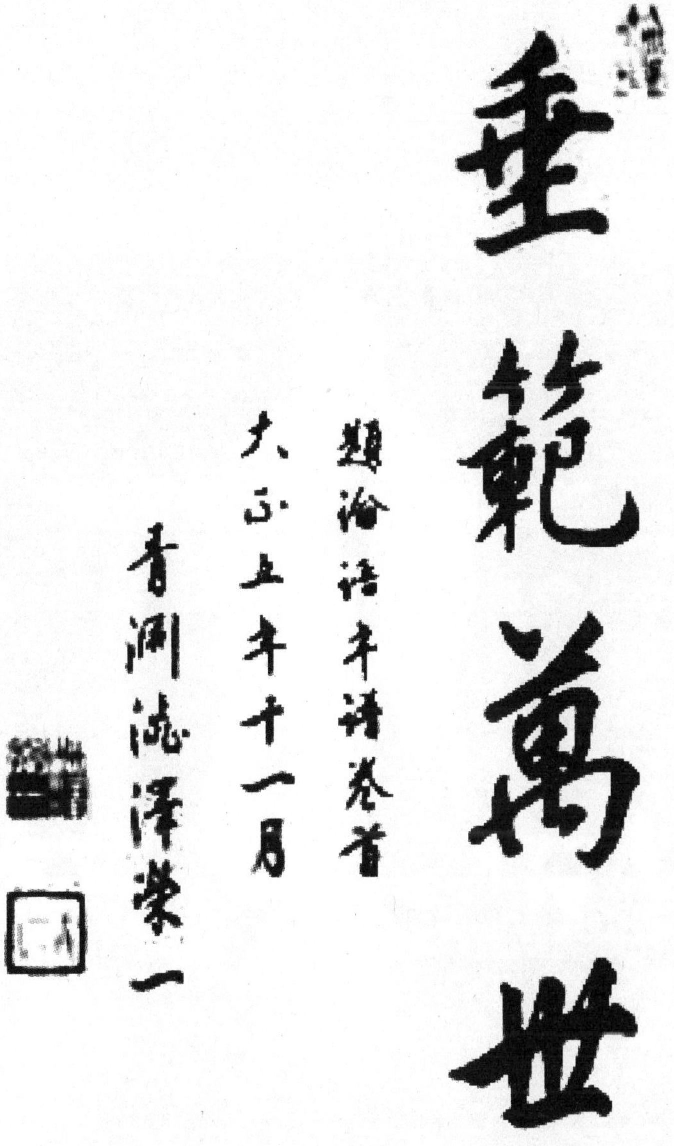

日本涩泽荣一先生题词

山东曲阜孔府圣人像

主编/季羡林 周一良 庞朴 汤一介

东方文化丛书

论语与算盘

人生·道德·财富

●〔日〕涩泽荣一/编著 王中江/译

《论语与算盘》一书是企业家必读的经典

信守勤
义正勇
仁厚毅
智德忠

绪 论

1. 研究背景、目的、意义

1.1 当下，国学热潮悄然兴起，此实乃复兴国家民族的伟大教育工程，关乎国家现代化经济、社会、文化建设和中华民族子孙后代立人立国之千秋大计。

1.2 研读国学，必须研读儒、道、释三学，其中尤以儒学为最。国学大师季羡林先生曾指出："儒学作为中国最优秀的文化之一，是一条维系世界优秀文化的纽带，是中华民族的深刻恒久的心灵力量。"（孔健：《新论语》，中国工人出版社2009年1月版，第1页。）

北京大学李泽厚教授曾说："儒学当然首先是孔子和《论语》一书在塑造和构造汉民族心理结构的历史过程中，大概起了无可替代的作用。……《论语》所宣讲，所传布，所论证的那些道理、规则、主张、思想，已代代相传，长久地渗透在中国两千多年来的政教体制、社会习俗、心理习惯和人们的行为、思想、言语活动中了。"（李泽厚：《论语今读》，生活、读书、新知三联书店2008年2月版，第1—2页。）

1.3 为了宣传、倡导中国传统文化，我国于2007年4月9日上午在北京成立了孔子学院总部，它是我国推广汉语国际化、传播中国文化的公益机构。

自2004年中国第一个海外孔子学院诞生至2009年11月底，世界上已有88个国家和地区建立了282所孔子学院，开设了272个孔子课堂，还有50多个国家250多个机构提出建立孔子学院的申请。同时，还开办了网络孔子学院、广播孔子学院，为促进和加强中国与世界各国文化教育交流，增进世界各国文化相互了解，发挥了重要的作用。在联合国内部，专门设立了“联合国科教文组织孔子教育奖”。

美国前总统里根先生说过：“孔子的高贵行为与伟大的伦理道德思想不仅影响了他的国人，也影响了全人类。孔子的学说世代相传，为全世界人民提供了丰富的为人处世原则。”

联合国秘书长潘基文先生曾说过：“在我的一生中，我一直在受孔子、孟子思想的影响，目前孔子的很多教诲仍在为我指引方向。”潘基文先生的公文包里，放着学习《论语》的小卡片，不时阅读。

联合国秘书长潘基文

今年(2009)9月下旬，美国得克萨斯州众议员格林代表另外41名众议员，向美国众议院提出纪念孔子诞生2560周年的议案，美国众议院于10月下旬开会通过了此议案。这是美国最高权力机构对来自伟大中国的孔子思想、道德、智慧的积极认同。格林等人认为，孔子理念“体现最高境界道德品质”和“促进人类和谐”。

1.4　前日本首相福田康夫先生说：“作为常识，每个人都应该学习《论语》，让它成为人生的哲学。”

台湾学者黄俊杰先生曾论述道：“在东亚儒学史上，对《四书》的研究一直是儒学发展之所以日新又新的源头活水。《论语》在中国儒学史中，更是居于核心之地位。”“近六十年来研究中国《论语》的著作更是指不胜屈……十七世纪日本古学派大师伊藤仁斋把《论语》推崇为至极至上宇宙第一书。”(黄俊杰著:《德川日本论语诠释史论》,上海古籍出版社2008年11月版。)

日本国早在德川幕府时代(1600—1868),在中国儒学史研究中《论语》具有举足轻重的作用。被誉为日本近代实业界之父的涩泽荣一先生(1840—1931)于1928年著述的《论语与算盘》一书中写道:“即使按照今天的道德观来看,孔子的门人们就孔子的言行所编写的《论语》一书也应该说是重要的。这一点只要读过《论语》的人就会知道。现在把《论语》同算盘相提并论,似乎不伦不类,风马牛不相及。但我始终认为,算盘要靠《论语》来拨动,同时,《论语》要靠算盘才能从事真正的致富活动。可以说,《论语》与算盘的关系远在天边,近在咫尺。”(涩泽荣一:《论语与算盘》,江西人民出版社2007年1月版,第1页。)

日本现代管理思想家伊藤肇先生说:“日本企业家只要稍有水准的,无不熟读《论语》,孔子的教诲给他们的激励影响至巨,多得不胜枚举。据初步统计,自涩泽荣一之后,从现代经营管理解说《论语》的专著在日本就出版数十部。”(摘自百度网:翰墨飞云有限公司赵国锋先生《论语与名牌企业管理》,2007年1月。)

2009年1月8日,百度网载文说:战后的日本人几乎不读《论语》,但近年来,《论语》在日本的现代经济交往中,人气逐渐高涨。在生存环境日益变差的日本社会,《论语》犹如荒漠中的甘泉,滋润着人们的心田。……时代需要《论语》,一个企业家必须做到一手拿《论语》,一手拿算盘。

日本软银金融集团总裁北尾吉孝先生将《论语》的“义、利”观引入道德日益沦丧的商场,在日本商界掀起了一股将《论语》和为商之道相结合的热潮。北尾先生称《论语》等中国儒家经典是“东洋人教养的根子”,他认为对任何事情判断标准只有“义、信、仁”三个字。

日本学者安陪隆明在《革命与论语》一文中说:“战后日本人几乎不读《论语》,所以也就远离了仁和礼。当今时代人们的内心充满着赤裸裸的欲望,最缺乏的恰恰是“自省”二字。2500年前的《论语》能够教会浮躁的现代人如何修身,让自己的心灵变得更美。”(以上文章刊登于2008年11月《环球时报》。)

1.5 目前,国内众多实业界精英面对全球金融危机和日益激烈的市场竞争形势,积极参加国学培训班,认真研读《论语》和儒、道、释之经典及西方先进的经营管理之理论,积极探讨研究中国工商实业发展致富之正道。正如北京大学汤一介教授指出的:"到了21世纪,中国经济的发展,使得中国人开始逐步恢复对于自己文化的信心,能够心平气和地探讨普世价值和中国人独特的价值观之间的关系,并求其中的结合点。……昌明国粹,融汇新知。这样,我们要抛弃那种非此即彼的全盘西化论和一切回归传统的带有复古色彩的保守主义,以包容和开放的态度来确立我们的文化立场。"(汤一介:《论语与算盘》再版序言,江西人民出版社2007年1月版。)

1.6 新中国成立六十年来尤其是改革开放三十年来,中国逐渐摆脱了贫穷挨打的落后局面,国民经济有了很大的发展,科学技术有了飞速的进步,广大人民生活水平有了显著的提高,国际威望日益增强;尤其是国家领导人积极倡导以人为本的科学发展观,大力构建和谐社会,国家呈现一派繁荣之景象。

然而,在繁荣、和谐景象之背后,也存在一些非和谐、不和谐的严重现象,如社会两极分化,分配不公,贫富不均。媒体披露某保险公司的总经理年薪高达6500万元,相当于一个普通工人挣2000年的工资;中石化原总经理陈同海贪污受贿近2亿元人民币,日消费4万多元,相当于近20名中石化一线油气田工人辛勤劳动一个月所得的工资;还有些房地产老板年薪高达700余万元。

孔子曰:"丘也闻有国有家者,不患寡而患不均,不患贫而患不安。盖均无贫,和无寡,安无倾。"(陈昌明译注《论语·季氏》,第179页,山西古籍出版社2001年6月版)孔子的意思是说:一个国家不怕物质财富少,就怕分配不公平,导致两极分化,贫富不均,富者数十百亿,贫者衣食难保;不怕贫困,就怕不安,贫困必不安,不安必不稳。所以,国家只要能做到财富分配公平,就会减少贫富之差别;邻里乡亲友好和睦相处,人心思定、人心思安,社会就会和谐,国家就不会产生倾覆之患矣。

案例:据媒体报道:2009年薪酬较高的上市公司高管

代码	简称	姓名	职务	2009 年领取薪酬	行业
600743	华远地产	任志强	董事长	707.40 万元	房地产
002142	宁波银行	邱少众	副行长	616.30 万元	金　融
000002	万科 A	王　石	董事会主席	590 万元	房地产
000002	万科 A	郁　亮	董事总经理	520 万元	房地产
600743	华远地产	孙秋艳	董事总经理	456.60 万元	房地产
002202	金风科技	武　刚	董事长	396.92 万元	机　械
002202	金风科技	郭　健	总经理	396.92 万元	机　械
002202	金风科技	李玉琢	副　总	351.44 万元	机　械
000002	万科 A	刘爱明	执行副总	340.40 万元	房地产
000002	万科 A	丁长峰	执行副总	340.30 万元	房地产

资料来源:《扬子晚报》2010年3月11日

从上表可以看出,中国当前确实存在着非常严重的贫富不均,农村60岁以上的老农,每月只能领到国家发给的55元钱,一年才660元,只相当于上市高管最低年薪的1/505。一名普通的大学本科毕业生年薪约为3万元左右,也只是上述高管最低年薪的零头数,差距之大,实在令人难以接受!

目前社会上存在着为仁不富,为富不仁,为官不清,社会道德沦丧,见利忘义,权钱交易,官商勾结的不良现象,严重干扰国家现代化经济社会文明之建设。正如孔子所言:"德之不修,学之不讲,闻义不能徙(xǐ,迁移),不善不能改,是吾之忧也。"(陈昌明译注《论语·述而·第七》,第65页,山西古籍出版社2001年6月版。)

孔子之意是说:当时有些人不修养自己的品德,不勤于研究学问,听到符合道义之事,不能尽己之力去做,对于自己的毛病和缺点不能自觉勇敢去改正,如此糟糕之现象,社会腐败之局面,是圣人之忧也。

2500多年前的孔子所言,可谓对春秋时期鲁国士大夫专权,社会混乱,官场腐败,给予了揭露和严厉的谴责;一些达官贵人不修、不讲、不学、不义、不改之丑恶德行,给社会百姓带去灾难,因此,孔子感到非常忧虑。时隔两千多年的当今社会,孔子抨击的腐败现象依然存在,且有过之而无不及也,是国之忧也,是民之怨也,与今天之某些富贵者的德行何其相似乃尔!

释迦牟尼

孔子

耶稣

苏格拉底

1.7　伟大的孔子于2500年前诞生在中国，他的教诲令世人“仰之弥高，钻之弥坚”，代代相传，被列为世界四大古之圣贤之一。

笔者研读孔子及《论语》之目的，旨在弘扬、传承孔子和《论语》的伟大思想，研究并运用古之圣贤先哲理念之精髓，和古今圣贤们共同探讨中国实业货殖致富之正确的商道，倡导中国实业界精英做“士魂商才”之典范，像日本商人那样，一手拿《论语》，一手拿算盘，为国创收，为民谋利，促进国家现代化经济文化建设之发展，以期促进民之富裕，国之昌强，实现孔子之夙愿：“老者安之，少者怀之，朋友信之。”(《论语·公冶长》，第51页，山西古籍出版社2001年6月版。)

2007年4日9日，孔子学院总部揭牌仪式在北京举行。国务委员、国家汉语国际推广领导小组组长、孔子学院总部理事会主席陈至立为孔子学院总部揭牌并致辞

国务委员刘延东参加美国纽约州孔子学院成立仪式

上图：日本福田康夫先生接见中国学者于丹、孔健(左二)

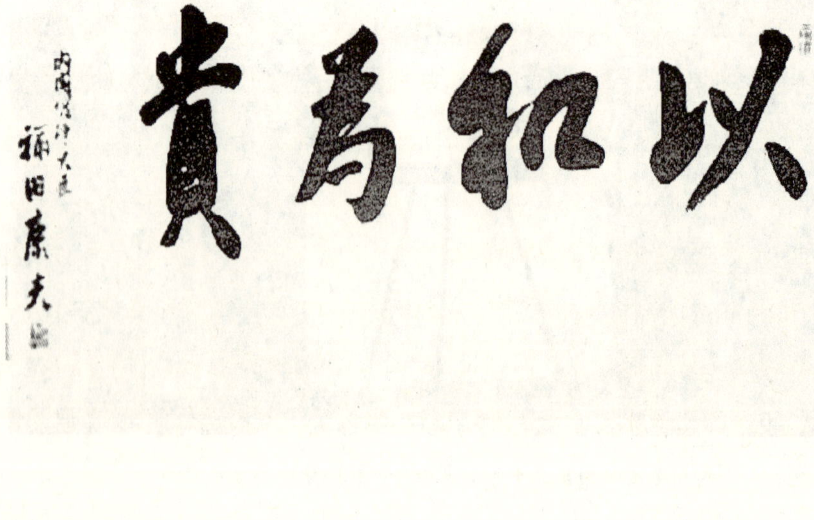

2.文献综述

2.1　古今研究孔子思想及解读《论语》的专家、学者非常之多，相关专著达数千种，其中有的学者在央视百家讲坛普及孔子《论语》及儒学教育，并大量发行光碟宣传孔子为代表的儒家思想，好似夏夜繁星，指不胜屈。

国内外众多研究《论语》之专著，多以诠释字、辞、章句为主要内容，对现存《论语》二十篇大都采用逐章逐句译、注、释之方法加以解释和论述，为学习研究《论语》者提供有益的指导和帮助。

2.2　研究《论语》必先认识孔子，了解孔子。诸多学者了解和认识孔子多以《二十五史》中的《孔子世家》为主要参考依据。各家对孔子的家世叙述基本一致，但对孔子的生卒年代记述略有不同。笔者依据孔子第七十五代直系子孙孔健（又名孔祥林）先生所著《新论语》一书（中国工人出版社2009年1月版。）中记载之年代择录之。

孔子履历简述：

孔子名丘，字仲尼，春秋时期鲁国人，出生于公元前551年，即周灵王二十年的9月28日，卒于前479年4月11日。其父叔梁纥已有妻妾二人，生九女一子（跛足残疾），为承祖业，年已64岁的叔梁纥竟娶了比自己小40多岁的年轻女子颜微在为三房妾。世人认为叔梁纥的此婚与“礼”不合，后来司马迁在《史记》的《孔子世家》中把纥的此次婚姻称为“野合”。这就确定了孔子的幼年人生“少也贱，故能多鄙事”。

孔子三岁，父卒，和年轻的母亲相依为命，可能因遭受家人的歧视、排挤，不久颜氏只好带着孔子回到娘家，虽家境贫困，但教育孔子习礼义，学技能。年少的孔子为帮助母亲维持生计，学习了一些劳动技能，并养成勤俭朴素的好品质。

孔子出生地:鲁国昌平乡陬(zōu,山脚)邑,今山东省曲阜市境内。

孔子十五岁志于学，开始勤奋学习知识，树立志向，探索社会人生。

孔子十七岁慈母逝，完全靠自己打拼；十九岁娶妻宋亓（qí，意为物体底座，下基也；又作姓氏用字）官氏，二十岁得子，鲁昭公送鲤鱼贺，故子取名伯鲤。

孔子二十岁在季氏家管理仓库，二十一岁任乘田吏。此间孔子办事认真负责，显示了治政之才能。

孔子二十二岁始设教于阙里，颜回、子路皆受学矣。这应是孔子教学之开始。孔子勤问好学，勤习六艺，且学无常师。三十岁已精通六艺和六经（礼、乐、射、御、书、数及诗、书、礼、乐、易、春秋），开始创办私学，逐渐成为令世人敬仰的伟大的教育家，实现"三十而立"之愿望。

孔子三十六岁因受鲁国权臣季氏之排挤，随鲁昭公入齐，四十三岁返鲁。四十五岁与南宫敬叔适周考察则度，问礼于老子，即返鲁，远方求学弟子日众。

孔子四十八岁任中都宰（或曰五十一岁），五十二岁任司寇，治乱政大夫少正卯。五十四岁继续担任司寇，五十五岁辅定公于夹谷会齐侯，收鲁实地，大胜齐。

孔子五十六岁因不满季桓子专横而辞职去鲁适卫，自此开始了长达十三年的周游列国。生活之艰辛，环境之险恶，常人难以忍受，而孔子带领弟子们艰难而行，直到六十九岁归鲁，鲁仍不用孔子，孔子此时对政治彻底失去信心，集中精力整理夏、商、周三代之诗、书、礼义。

孔子一生壮志不酬，几乎在颠沛流离中度过。求仕屡遭拒绝，美好的政治抱负不能实现，何故？有一天，孔子与子路、子贡、颜回言"《诗》曰：'匪兕（sì，独角的犀牛）匪虎，率彼旷野'。吾道非邪？吾何为于此？"子路曰："意者吾为仁邪？人之不信我也。意者吾未知邪？人之不行我也。"孔子曰："有是乎！由，譬使仁者而必信，安有伯夷、叔齐？使之者而必行，安有王子比干？"

子路出，子贡入。孔子曰："赐，《诗》云：'匪兕匪虎，率彼旷野。'吾道非邪,吾何为于此?”子贡曰:“夫子之道至大也,故天下莫能容夫子。夫子盖少贬焉?”孔子曰:“赐良农能稼而不能穑,良工能巧而不能顺。君子能修其道,纲而纪之,统而理之,而不能为容。今而不修而道而求为容。赐尔志不远矣!”

子贡出,颜回入见。孔子曰:“回,《诗》云:‘匪兕匪虎,率彼旷野。’吾道非邪,吾何为于此?”颜回曰:“夫子之道之大,故天下莫能容。虽然,夫子推而行之,不容何病?”不容而后见君子!夫道之不修也,是吾丑也;夫道即已大修而不用,是有国者之丑也。不容何病?不容而后见君子!孔子欣然而笑曰:“是有哉颜氏之子!使尔多财,吾为尔宰!”(《二十五史·史记·孔子世家》,150页。)

上述史载之内容,子路、子贡所言孔子不得仕不得志原因,颜回的分析最为准确,行仁道者不被国家使用,乃国家之耻也,非孔子之不足也。

孔子七十岁,读《易》至韦编三绝,是年子鲤卒,实乃老年丧子,次年颜渊卒,此二子离去,对孔子的打击非常之大,不久,具有武士精神的子路为“义”战死;悲哉!七十四岁,夏四月丁巳,孔子方负杖逍遥于门,十八日午时卒(关于孔子的年龄多说七十三岁)。

孔子的一生历经磨难,仕途坎坷,平凡而又伟大。陈子禽谓子贡曰:“子为恭也,仲尼岂贤于子乎?”子贡曰:“君子一言以为之一言以为不知,言不可不慎也。夫子之不可及也,尤天之不可升也。夫子之德邦家者,所谓立之斯立,道之斯行,绥之斯来,动之斯和。其生也荣,其死也哀,如之何其可及也?”(陈昌明译注:《论语·子张》,山西古籍出版社2001年6月版,第213页。)

陈子禽对子贡说:子贡贤于孔子,子贡谦虚吧。子贡说:我赶不上老师,就像上天不能搭阶梯爬上去一样。……他生得光荣,死得可哀,这样的老师我是赶不上的。子贡还说过:“仲尼不可毁也。仲尼之贤犹如日月,无得而逾也。”由此完全可以看出,孔子的思想伟大,人格伟大,精神伟大!此乃中华民族精神之魂。太史公曰:《诗》有之:“高山仰止,景行行止。”(马玉琴主编:《二十五史》第一卷,延边人民出版社,第154页。)2500多年来,众多国人一代一代地习读《论语》,传承《论语》之精神,领会圣贤之教诲,探讨民族复兴之大业。

孔子墓

2.3　关于《论语》价值的评述

在上节文稿中已引用冯友兰、李泽厚、季羡林及日本学者涩泽荣一等诸大师对孔子及《论语》普世价值的论述，现把20世纪30年代章太炎等几位学者的论述简要摘录如下：

章太炎先生曾经说过"《论语》后人称之为经，在当时也只算是子书。此书半是伦理道德学，半是论哲理的"(《章太炎讲国学》，长征出版社2008年10月版，第31页。)。

梁启超先生曾指出："《论语》者孔子答应弟子时人及弟子相与言而接闻于夫子之语也。当时弟子各有所记，夫子既卒，门人相与辑而论纂，故谓之《论语》。据此，则谓《论语》直接成于孔子弟子之手。……《论语》一字字精金美玉，实人类千古不磨之宝典。盖孔子人格之伟大，宜为含识之俦所公认，而《论语》则表现孔子然人格唯一之良书也。"(《梁启超讲国学》，中国传媒大学出版社2008年8月版，第5、6页。)

鲁迅

鲁迅先生曾指出："儒墨二家起老氏之后，而各欲尽人力以救世乱。……儒者崇实，墨家尚质，故《论语》《墨子》，其文辞皆无华实，取足达意而已。"(《鲁迅讲国学》，吉林人民出版社2009年1月版，第252页。)

胡适之先生曾说过："一部《论语》虽不是孔子所作的，确极可靠，极有用。这书大概是孔门弟子的弟子们及孔门诸子的谈话议论。"

2.4　关于《论语》与财富的论述

涩泽荣一先生早在日本大正五年十一月用汉字题写了"垂范万世"四个大字，作为《论语》年谱卷首之语。1928年涩泽先生编著了《论语与算盘——人生、道德、财富》一书，此书是国学大师季羡林、周一良、庞朴、汤一介主编，江西人民出版社汇编的《东方文化丛书》系列丛书之一，由王中江先生于1994年8月作了译者前言，2006年2月王先生又为此书写了再版说明，同年6月汤一介先生为此书写了再版序言。

涩泽先生所著的《论语与算盘》一书，应是古今数千种《论语》评著诠释中，唯一一本论述《论语》与经商致富关系最为密切的文献专著。涩泽先生在该书第一章"处世与信条"论述道："我常常认为，要使一件事物有进步，必须具有巨大的欲望，以充分地去谋利，否则的话，绝难有所进展。"他接着说："因此，我希望政界、军界不要飞扬跋扈，而实业界则要尽力而为，即努力增加财富，这要是做不到的话，国家就不能富庶。"如何致富？涩泽先生指出："只有依据仁义道德和正确的道理去致富，其富才能持续下去。"他说："我认为，缩小《论语》与算盘间的距离，是今天最紧要的任务。"(《论语与算盘》，第1—2页。)

2.5 仁义道德和求财求富关系之论述

涩泽荣一先生在其总结多年经商之道的宝贵经验后指出:“真正的谋利不以仁义道德为基础的话,那么就绝不会持续久远。搞不好也许会陷入轻利、不顾人情、超然世外的观念中。”(《论语与算盘》,第57页。)简言之,仁义道德是工商实业者们求利致富之圣道、正道,只有遵循仁义之道去经商兴业,才不会迷失前进的方向。

时隔近百年,涩泽先生的《论语与算盘》一书之经典教诲,仍然指导着广大日本工商界人士一手拿《论语》,一手拿算盘,使一个资源贫瘠的岛国发展成为世界经济之大国。所以,涩泽先生推崇孔子仁义观的《论语与算盘》一书,应是数千种《论语》解读专著中与工商实业关系最为密切的一本好教科书。

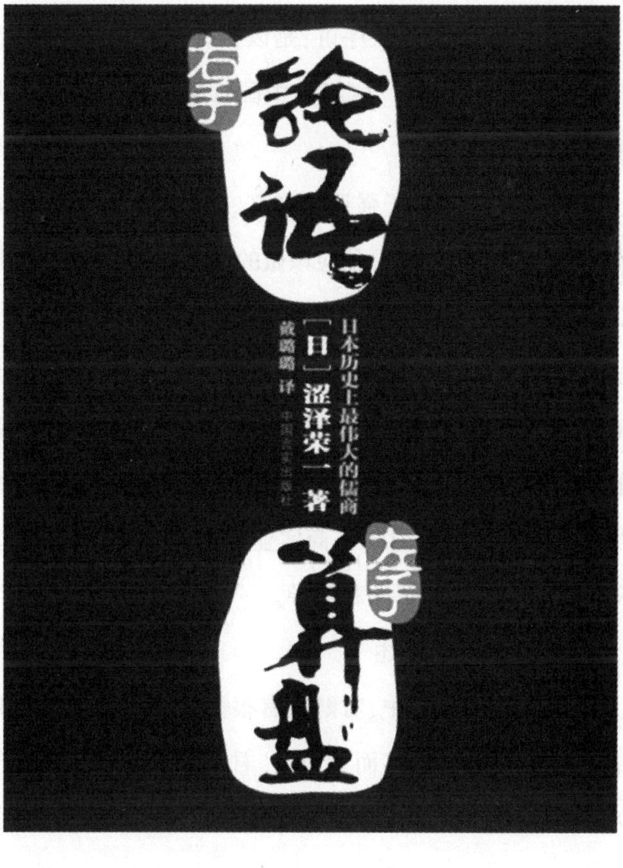

2.6 关于仁、义的论述

在《论语》二十篇15000多字里，有的学者统计“仁”字有105个，可见“仁”字在《论语》及全部儒学中的价值。《论语》第一篇第六章，孔子曰：“弟子入则孝，出则弟，谨而信，泛爱众而亲仁，行有余力，则以学文。”(《论语·学而·第一》，第4页，山西古籍出版社2001年6月版。)这是《论语》中孔子自己首次提出“仁”的观点。在其余的篇章里，孔子及其门人们谈论“仁”有百余次之多。

李泽厚先生曾指出：“仁”是孔学的根本范畴，是人性结构的理想。由“礼”归“仁”是孔子创造性的贡献。(《论语今读·八佾·第三》，第28页，生活、读书、新知三联书店2008年2月版。)

中国台湾的劳思光先生曾论说过：“孔子之学，由礼观念开始，进至仁、义诸观念。故就其基本理论言之，仁、义、礼三观念，为孔子理论之主脉……孔子立仁、义、礼之说，依理论秩序讲，是以摄礼归义为第一步工作，仁即是视人如己，净除私累之境界。”(《新编中国哲学史》，广西师范大学出版社2007年6月版，第81、88页。)

冯友兰先生论述道：“孔子强调仁和义，尤其是仁……一个人在社会里行事为人，有他应循的义务，那是他应该做的。但是这些义务的本质应当是‘爱人’，即‘仁’。”(《中国哲学简史》，新世界出版社2007年9月版，第37、38页。)

以上是三位当代国学大师对孔子及儒学中“仁”的思想之论述，言简意明，为研究《论语》及儒学，更为应用儒学指明了方向。三位学者以上之专著，虽写作方法不尽相同，但都用近乎相同之史料论述《论语》的博大精深思想，为当今国人尤其是致力于工商实业界有识之士，研读并运用国之儒学，依仁求富提供了有益的帮助和指导。

2.7 关于依仁求富的论述

孔子及其弟子在《论语》中，对财富有很多精辟之论述。或曰：“富与贵，是人之所欲也”；“贫而无谄，富而无骄”；“君子喻于义，小人喻于利”，等等。在后文中将分别论述。正如涩泽荣一先生所言：“我所希望的是，在人们的心中要有增加财富的欲望,但必须以遵守道理的活动来达到这一目的。所谓道理就是和仁义相符合。……而欲望,由于违反道理,所以无论怎样干,也都会造成可悲的结果。”(《论语与算盘》,第58页。)

南怀瑾先生在《论语别裁》一书中写道:“这是儒家仁的修养,一个人要在心地上下工夫。”他说:“孔子说,富与贵,每个人都喜欢,都希望有富贵功名……但不是正规得来则不要。相反地,贫与贱,是人人讨厌的,即使一个有仁德修养的人,对贫穷仍旧不喜欢的。可是要以正规的方法上进,慢慢地脱离贫贱,而不应该走歪路。”(南怀瑾:《论语别裁》,复旦大学出版社1990年4月版,第175页。)

黄俊杰先生在他所著《德川日本论语诠释史论》一书中写道,日本的涩泽荣一先生毕生推崇并实践《论语》,涩泽先生自述道:“我自明治六年,辞官踏入历来心向往之的实业界以来,我就与《论语》结下了不可分离之缘分。在初做商人之时,心想既然今后要以铢锱之利来讨生活、过日子,我应有什么抱负才好呢?对这个问题我作了一番思考,此时,我想起了以前所读过的《论语》。这是一本日常修己待人的训言。《论语》是一本缺点最少的教训,难道我们不能用来经营企业?我的答案是肯定的,商人如用《论语》的教训来经营,宏途必可大展。”(黄俊杰著:《德川日本论语诠释史论》,上海古籍出版社2008年11月版,第280—281页。)

以上几位学者之论述,经商求富必遵从孔子所主张的仁义道德之教诲,即使在当今全球市场激烈竞争的情况下,亦应坚持走仁德经营之道,前途才能无限光明。

孔子曰:“志于道,据于德,依于仁,游于艺。”(《论语·述而·第七》,第66页,山西古籍出版社2001年6月版。)国之工商业之士应确立志向,奉行致富之正道,据于仁义道德经商求富,定会大获成功。

2.8　论文篇章结构间之关联:本书共十个章节,各章节之间相互联系,力求自然过渡。

第一章:论述商与道。从子贡探孔子卖玉“沽之哉”,子贡不受命而货殖

"亿屡中"过渡到第二章。

第二章:论述以子贡为榜样,效先贤,求富贵。

第三章:论述求富贵必有争,"君子不争,其争也君子"。

第四章至第八章论述经商求富之道,即志于仁,谋于利;诚与信,忠与恕;奢与俭,谦与骄;慎于言,敏于行,谋略制胜之道。

第九章:论述中国家族企业致富之道。

第十章:论述企业创新之道——人才三本,"举直错诸枉,能使枉者直",举贤才,建团队。论述企业依靠高端人才,实现"苟日新,日日新,又日新"。

2.9 写作意义

孔子曰:"古之学者为己,今之学者为人。"(《论语·宪问》,第158页。)孔子之意是说:古代读书之人有些是为了提高自己的道德修养,增进自己的知识学问;有的是为了求仕途、做官获干禄;而现在有些人求学问是为了个人名誉,取得学位好升官,或装饰自己的脸面给别人看。

本人非学者,年已逾古稀,写作《〈论语〉与商道》一书之意义,首先为己,再者为他也。

何谓为己?我于1963年毕业于合肥师范学院历史系,其间所学之历史知识,受当时政治"左"倾思想之影响,教科书中大讲农民起义和农民战争,是推动人类社会发展的动力。无论是中国历史还是世界历史,均以阶级斗争为主线,"帝王将相、才子佳人",均遭到无情的批判。有些高校历史课本把孔子划为所谓"右派",儒学思想受到严厉的批判;而"法家"备受吹捧,他们被划为"左派",真正的历史科学被严重歪曲。

通过本书的写作,我阅读了北京大学李泽厚、冯友兰和台湾学者南怀瑾、劳思光等人的著作,聆听了北大汤一介、楼宇烈、李四龙、李超杰、张祥龙、杨立华、陈少峰及中国人民大学罗安宪,首都师范大学鲁洪生,南京大学徐小跃,台湾王小波、傅佩荣等诸多学者的精彩论述和演讲,尤其是我的博导、北京大学哲学系魏常海教授多次热情的辅导,我似乎是在接受一次新的启蒙教育,更新了知识,开阔了视野,转变了对孔子和儒学的偏激认识，提高了分析问题的能力。

古今研究孔子《论语》的专家、学者难以计数，专著达三千多种，但直接用《论语》指导经济致富的著作，恐怕仅有日本上世纪20年代末的涩泽荣一先生所著《论语与算盘》一书。本人在导师的指导下，效法涩泽先生，选择《〈论语〉与商道》为书名，意欲积极参与国学学习，研究孔子的积极的财富观，宣传孔子及其弟子们关于求富求财之论述，遵循孔子富国、爱民、教民、亲仁之教诲，为中华民族之复兴贡献一份微薄之力。

其次，我于1986年2月担任安徽省明光市职业高中校长期间，用15000元教育经费，办了一个汽车修理厂，建了4间石棉瓦简易厂房，一套修理工具，作为职高学生教学实习基地。当时，招收了10名徒工，并从上海聘请了4位有经验的老师傅。当年修理汽车营业收入只有12000多元。经过20多年的艰苦奋斗，2008年营业收入达2.3亿元，实现利税3000余万元，目前有员工300多名。

通过学习、研究孔子《论语》求财求富之思想，认真总结本人20多年办厂经商之经验教训，“三省吾身”，坚持依仁求富之道；同时，进一步用孔子孝悌、仁义、忠恕、诚信之教诲，作为员工的伦理道德价值观，培养员工树立孝亲、爱家、爱企、爱众、爱国的价值观，确立诚信经营的道德行为规范；认真组织公司广大青年学习国学，普及《论语》和儒家经典，提升员工思想道德素质，引导公司员工树立正确的人生观、价值观，增强企业的竞争力，把企业做强做长，对国家多作贡献，让员工多增加收入。这是笔者研究孔子和《论语》的又一重要目的和意义。

孔子周游列国图

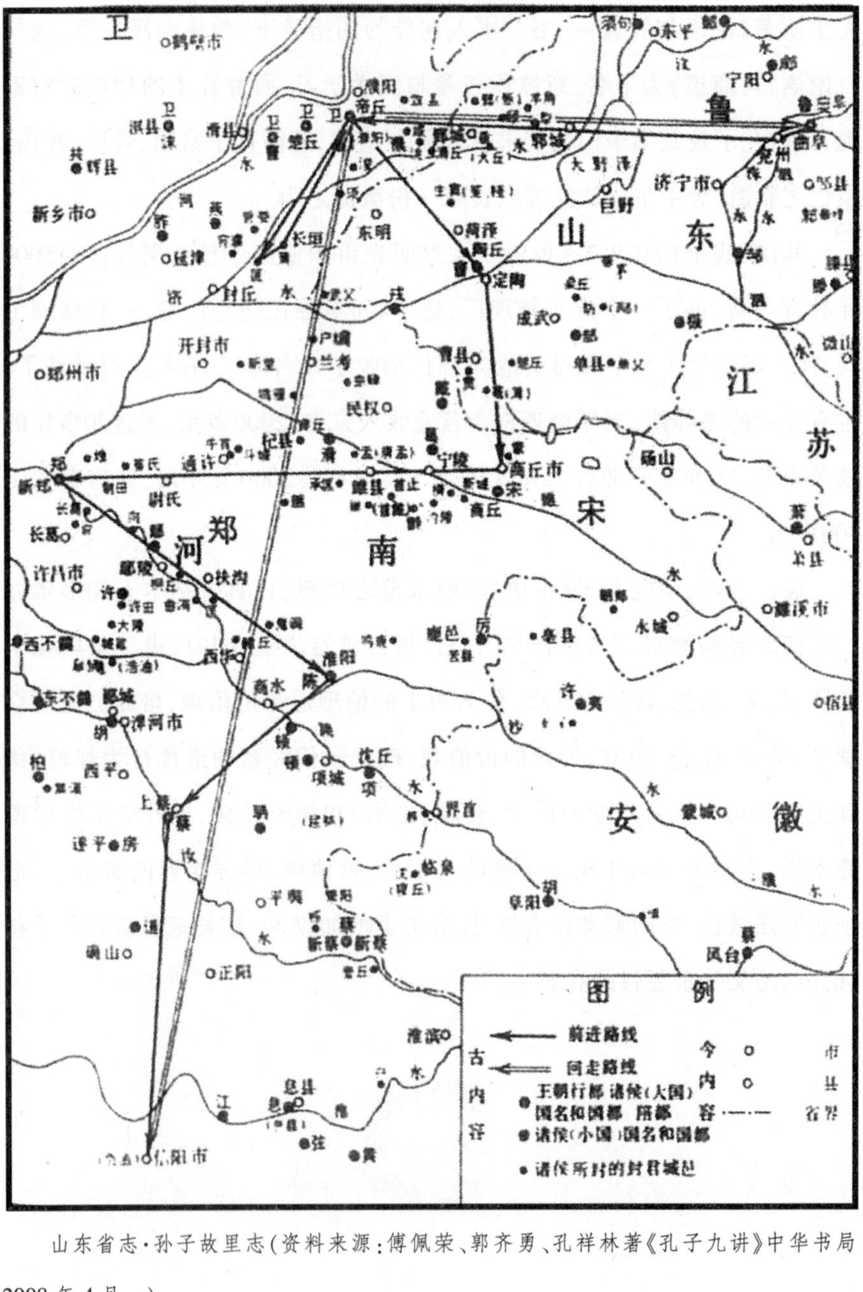

山东省志·孙子故里志(资料来源:傅佩荣、郭齐勇、孔祥林著《孔子九讲》中华书局2008年4月。)

一、商与道

1.待贾卖玉

1.1 求善沽

子贡曰:“有美玉于斯,韫椟(yùn dú:藏在匣子里。韫,收藏。椟,匣子。)而藏诸?求善沽而沽诸?”子曰:“沽之哉!沽之哉!我待贾(gǔ,商人)者也!”(《论语·子罕·第九》,第92页,山西古籍出版社2001年6月版。)这是《论语》中首次出现孔子和子贡直言商沽买卖之事。

子贡:姓端木,名赐,字子贡,孔子学生,少孔子三十一岁。子贡利口巧辞,能说会道,善于外交,利用诸侯国之间的矛盾,游说于诸侯国之间。故子贡一出,存鲁、乱齐、破吴、强晋而霸越。子贡行于各诸侯国,使势相破,十年之中,五国各有变。

有一天,子贡试探着对孔子说,如果这里有一块玉,是把它放在匣子里藏起来呢,还是在外面找一个懂得玉的商人谈好价钱卖掉呢?孔子紧接着重言连声道,卖掉吧!卖掉吧!卖之不疑也。时子贡以孔子仕途不坦,故假说卖玉质事以稳孔子。此问表现子贡深思之才,善问之举。

孔子有积极的入仕之愿望,目的是恢复先王圣贤之礼制,实现“老者安之,朋友信之,少者怀之。”他在《论语·子路》篇里说:“苟有用我者,期月(一年)而可也,三年有成。”孔子之意是说:如果国家用我,我用一年的时间治理,就会有发展,三年时间就会一定有大的成就。说明孔子有治理国家之决心和执政之才能。

孔子入仕孜求几乎一生，直到51岁才当上鲁国的“中都宰”，因政绩突出而被提升为“司空”，主管全国的建筑和道路建设。又因成绩斐然，不久又提任为“司寇”，主管全国的司法和外交事务。孔子为政三年，鲁国出现道不拾遗，夜不闭户的良好社会风气。后齐景公害怕鲁国强大，使用离间之计，无奈之际，孔子去了卫国。卫灵公不给孔子实权，只给俸禄，孔子又离开卫国，奔走他乡。由此不难看出，“孔子有积极的用世主观用意，但也绝不亢躁轻进，等待时机，善价待贾，‘沽之哉，沽之哉！我待贾者也”（安德义：《论语解读》，中华书局2007年7月，第262页。）。陈树德先生说：“君子未尝不欲仕也，又恶不其道。仕之待礼，犹玉之待贾也。”（陈树德：《论语集释》，中华书局2008年2月版，第603页。）

1.2 沽与商

沽：买卖意，待价而沽；又水名，在天津市北塘入海，名白河。沽又假借贾（读gǔ，古音）字，而有买卖之义，由买又引申为获取、猎取。贾字旧时特指坐商（与行商相对），做买卖多财善贾。（参见《新华大字典》第404—411页，商务印书馆2006年1月版。）

商：泛指买卖商品的活动；它的本义是对某物从外面估测里面的质量优劣，引申为泛指估量，又引申为估量者之间相互交流看法、观点、商量，也引申指贸易，再转指从事贸易的人，即商人，如儒商、富商、外商等。（参见《新华大字典》第1112—1113页，商务印书馆2006年1月版。）

据史料记载，春秋末期，已有许多人拥有生产资料和货币，他们大概是个体工商业者，其中，有些人成为大手工业作坊主和大商人。同时，还出现了独立的商人。子贡应是当时经商的杰出代表，另有越国的范蠡，也算是春秋末年又一杰出的经商货殖者。有史料记载，“鲁人身善织屦，妻善织缟而欲徙于越，或谓之曰：‘子比穷矣。’鲁人曰：‘何也？’曰：‘屦，为履之也，而越人跣（xiǎn）行（光脚行走），缟（gǎo，旧时的一种用丝织的白色绢品，白色细绢），为冠之也，而越人披发。以子之长，游于不用之国，欲使无穷，其可得

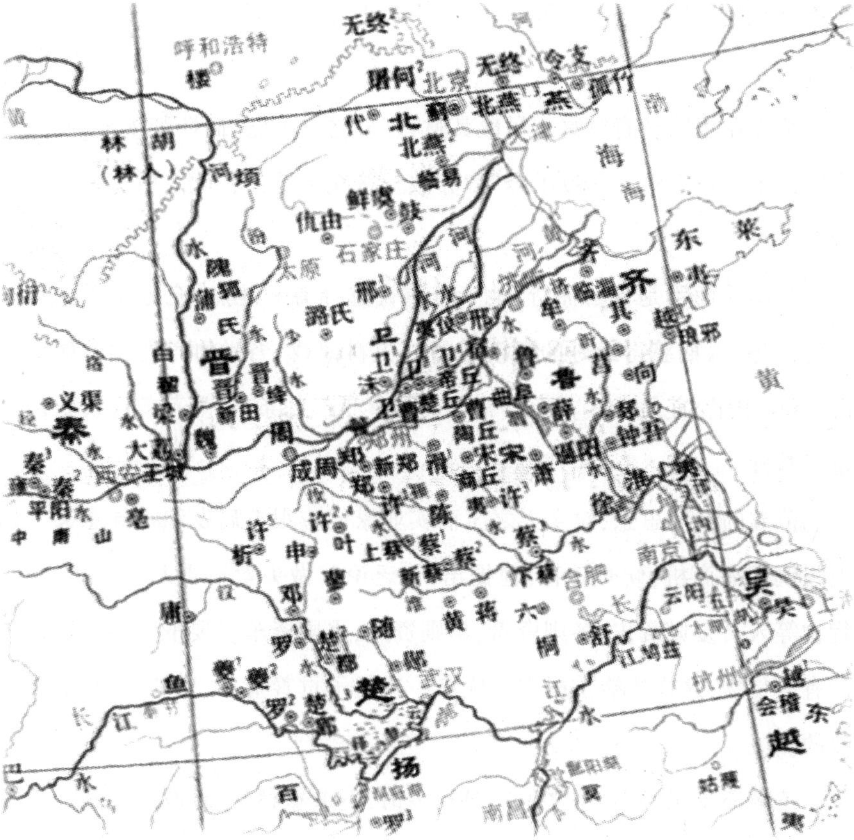

春秋时期诸侯国地理位置示意图

乎？”(《韩非子·说林上》)由此可以看出，春秋鲁国的纺织手工业已经出现，鲁国人好像是用麻、葛等材料做鞋子，用丝做帽子，卖到越人之地，获取利益。此等生意极有可能是子贡所做。

越国的范蠡在越王勾践打败吴国之后，因怕越王迫害，乃乘扁舟，浮于江湖。后到达齐国，定居于陶，把自己的名字改为鸱(chī)夷子皮，可能是出于对美女西施的怀念，因西施是被勾践装在皮囊里投入太湖的，为表达内心对西施的怀念而改用此名矣。有民间记载：西施是范蠡在乡下挑选出之后，送给越王勾践，当时西施年轻美貌，范蠡虽年已知天命，见此美貌佳丽内心便产生爱慕之情也。后又改称陶朱公，从事经商致富活动。据《史记·货殖列传》记载：“朱公以陶为天下，诸侯四通，货物所交易也，乃治产积居，与时逐,而不责于人。……十九年之中,三致千金。……子孙修业而息之,遂至巨万。”

范蠡在齐国经商致富,“尽散其财,以分之友乡党,而怀其重宝,间行以去”。“十九年之中,三致千金”,“分散与贫交疏昆弟,此之谓富好行其德者”。

范蠡经商不是盲目而行,他十分重视选择有利地点,充分发挥自然环境的优势,以期获得最好的经济效益。史料记载:当时的齐国,“齐地带山海,膏壤千里,宜桑麻”。具有非常好的从事生产的条件,为范蠡经营致富奠定了基础。

范蠡的经商思想,对今天之工商实业家们应很有启发和指导意义。如他强调把握商机,候时转物;他提出“待乏论”,做买卖不要人等货物,应让货物等人。“夏则资皮,冬则资希,旱则资舟,水则资车。”要准备市场上别人没有的货物,这样才能占据市场优势。这与子贡善猜度,货殖屡中,应是一致的。

范蠡还主张“逐十一之税”,薄利多销,不求暴利,讲究诚信经营,“正心求也,不可责也;邪念追也,不可学也”。

所以,范蠡应是中国古代春秋时期经商致富的典范之一。

何谓“商”?“商之为言,商也。商其远近,度其有无,通四方之物,故谓之商也。贾之为言,固也。固其有用之物。以待民来,以求其利者也。行曰商,止曰贾……止贾亦当待贾。”(陈树德:《论语集释》,中华书局2008年2月版,第602页。)

古人重玉,玉为财富,凡用玉必经贾人,此应为古代社会之物品交换。交换之前,必有识货之人测品物之质,这应是古代之物价人员。由此可知,春秋末期商业之发展情况。此次对话,子贡以玉设问与孔子,孔子明子贡之意,也以玉回答子贡之问。“君子比德于玉,温润而泽,仁也;缜密以栗,智也;廉而不刿,义也;垂之如坠,礼也;扣之,其声清越而长,其终则诎然,乐矣;瑕不掩瑜,瑜不掩瑕,忠也;孚尹旁达,信也;——珪璋特达,德也;天下莫不贵者,道也。”(安得义:《论语解读》,中华书局2007年7月版,第264页。)此喻孔子之德贵于美玉。孔子待仕,玉待贾矣。

1.3 屡空与屡中

孔子曰:“回也其庶乎,屡空。赐不受命,而货殖焉,亿则屡中。”(《论语·先进·十九》,山西古籍出版社2001年6月版,第117页。)

颜回,字子渊,鲁人,少孔子三十岁。孔子对颜回评价非常之高,孔子曰:“贤哉回也!一箪食,一瓢饮,在陋巷,人不堪其忧,回也不改其乐。”“回也愚;退而省其私,亦足亦发,回也不愚。”“用之则行,舍之则藏,为我与尔有是夫。”

“回年二十九,发尽白,蚤死。”“孔子哭之恸……有颜回者好学,不迁怒,不贰过。不幸短命死矣,今也侧亡。”(以上均见马玉琴主编《二十五史》第一卷《仲尼弟子列传》,第224页,延边人民出版社。)

颜子家贫穷,不入仕,故屡空;箪食瓢饮,营养不良,发早白,其不迁怒,不贰过,聪明过人,闻一知十,道德品质令世人称颂,被后人誉为“亚圣”。但今日看回,其短暂的一生,对父母未能尽孝,对家庭、对社会无补,不入仕,不做官,无干禄,落得“屡空”,过着箪食瓢饮的常人难以忍受之生活。死后有棺无椁,几乎举债办丧,其年迈老父的心情悲痛万分。今日社会之企业家,既需要像颜回那样正直而又艰苦简朴的品质,虽贫而无谄媚,更需要子贡那样的贤能之士,为家为众为国求财求富,亿则屡中。

子贡好废举,与时转货赀。喜扬人之美,不能匿人之过。常相鲁、卫,家累千金。(参见马玉琴主编:《二十五史·史记·仲尼弟子列传》,第226—228页。)

屡空之“空”字,“凡二解:一云空匮,一云虚中……屡,尤每也。空,尤虚中也……空者,穷也,贫也,贫穷二字同义。家歉无日赢,生计有时绝,故曰屡空……回也屡空,糟糠不厌。”(陈树德:《论语集释》,中华书局2008年2月版,第779—781页。)

“赐不受命,唯财货是殖,亿度是非……殖,积也。长也……子贡货殖,谓居货财以生殖也……亿,度也。……货殖传云,子贡既学于仲尼,退而仕卫。发贮鬻财曹鲁之间,七十子之徒最为饶。而颜渊箪食瓢饮,在于陋巷。子贡结驷连骑,束帛之币,聘享诸侯,所至,国君无不与之分庭抗礼。”(陈树德:《论语集释》,第780页。)

“赐不受命而货殖焉,谓子贡性动,不能信天任命,是不受命也。而货殖者,财物曰货,种艺曰殖……赐不荣浊世之禄,亦几庶道者也。

古者商贾皆官主之,凡民自七尺以上属诸三官,农攻粟,工攻器,贾攻货……质剂掌于官,度量纯制掌于官,货贿之玺节掌于官。

子贡不遵官府之命,不受不义之禄,来往于曹、鲁诸侯国之间,以自己的能力,猜度市场,把握商机,了解民之需求,赚鬻(鬻,卖,与烹煮有关)贵,亿屡中。子贡可能做粮食买卖,开餐馆;可能做兵器箭戟;亦可能自齐运盐、鱼到鲁、曹卖,逐什一之利。实乃为私营,不为官府主管,故不曰商贾,只曰货殖。子贡乃孔子圣门高徒,不受官府之命,凭个人之智慧,治生致富,亿屡

子贡——瑚琏也。中国古代儒商之典范!

中，资助孔子老年时期之生活。2500年前的子贡，凭其个人的足智多谋，适时把握商机，亿则货殖，屡中。实乃中国古代儒商之典范。

1.4 清贫与富贵

孔子曰："饭疏食，饮水，曲股而枕，乐亦在其中矣。不义而富且贵，于我如浮云"。(《论语·述而·第七》，山西古籍出版社2001年6月版，第70页。)食疏：饭食粗糙。孔子之意是说：吃粗糙的粮食，喝着白水，弯曲着臂膊当枕头睡觉，也是很快乐的。如果用不正当的手段取得财富，我视之如浮云。由此可以看出，孔子不排斥富贵，不讳言富贵，但不义而富且贵，圣人恶之，不义

中国古代商圣——范蠡故居

兖国復圣公——颜回

之财不取,不以正道取得的财富,淡如浮云。

孔子还认为财富是必要的,是人之所欲的,亦是可求的,即使为他人执鞭赶车或守门,亦可为之,因为这是通过自己辛勤劳动之正道获得的干禄,是干净的、光荣的、“可处的”。

英国16世纪哲学家培根说:“对于财富, 我找不到更好的名词来称呼它,只能把它叫做‘德能的包袱’(拉丁语叫障碍物、辎重、包袱)。因为财富对于德能来说,正如军队的辎重,它对于军队虽然是不可少的,也不可置后,但是对行军却是有所障碍;并且有时候军队可能会因担心辎重而贻误战机,对胜利造成干扰。巨大的财富并没有什么真正的用途,除了广施众人之外,其余的用途都不过是幻想而已。”(刘永升:《培根论说文集》,第128页。)

培根认为:财富是有用的,一定时候却是无用的,可能成为德能的包袱,这和孔子的财富观极为相似也。有了财富,要广施大众,与孔子的“己欲立而立人”的爱众亲仁思想完全一致,亦非常吻合。

孔子曰:“笃信好学,守死善道。危邦不入,乱邦不居。天下有道则见(见:通“现”,出现,显露),无道则隐。邦有道,贫且贱焉,耻也;邦无道,富且贵焉,耻也。”(《论语·泰伯》,第83页。)

孔子之意是说:要坚定自己的信念,要勤奋好学,誓死坚守做人的原则和美德。政局危险的国家不要去,政局混乱的国家不去居住。天下太平可以出来做官,天下混乱就隐退。国家政治清明,利于求财求富,因不努力做事而导致贫贱是可耻的;国家政治黑暗,昏君当道,而靠不义取得富贵,也是可耻的。

现代中国社会工商业者有数千万之多, 企业性质有中央官办企业,有地方政府企业,有中外合资企业,有外商独资企业,有大量的中小民营家族企业。各种企业老板的文化背景各异,人生价值观念不同,义利观念各异,取财之道和途径不同,资本富有程度不等。时代呼唤中国的企业家应遵循孔子《论语》之教诲,传承子贡“亿则屡中”之商才,培养具有“曲股而枕”吃苦耐劳之精神和品格，效古之先贤，树立正确财富观，摆脱清贫，悟正确致富之商道。

1.5 悟经商之道

孔子曰："朝闻道，夕死可矣。"(《论语·里仁》，第34页。)孔子之意是说：早上明白了真理，懂得了人生求仁之道，即使到晚上死掉，也是死而无憾的。"道"是儒家经典中最重要的理论之一，也是孔门师生积极倡导的价值理念。孔子毕生求道，慕道言道，早上闻得道，即使晚上死去，也心安矣。可见孔子求道之心的强烈和坚贞。孔子说："谁能出不由户，何莫由斯道也"。(《论语·雍也》)还鼓励学生"志于道，据于德，依于仁，游于艺"。(《论语·述而》)孔子所言"道"的内涵为何意？孔子很少明说焉。

日本儒学者伊藤仁斋先生(维桢，1627—1705)对孔子"道"的解释："夫道者，人之所以为人之道也。为人而不闻之，则虚生耳。非与鸡犬共伍，则与草木同朽，可不悲哉？苟一旦得闻之，则得所以为人而终，故君子之死曰'终'，言其不澌灭也。"(黄俊杰著：《德川日本论语诠释史论》，第71—72页。)

宋儒朱熹在释孔子之"道"的含义与仁斋之释完全不同，朱子曰："道者，事物当然之理。苟得闻之，则顺死安，无复移恨亦。所以甚言其时之近。"(黄俊杰著：《德川日本论语诠释史论》，第108页。)

上两段诠释孔子同一语言截然不同。"朱子将孔子的'道'解释成'事物当然之理'，既是形而上学的理则，又是伦理学的规范。仁斋则解释称'人之所以为人之道'……夫子尚云：'仁远乎哉？我欲仁，斯仁至矣。'又曰：'人之为道而远人，不可以为道。皆言道之甚近也。盖道外无人，人外无道'。仁斋说：'盖天地之道，存于人。人之道莫切于孝弟忠信，故孝弟忠信，足以尽人道矣。'这种日常生活中的孝悌忠信等具体行为，就是'道'。"(黄俊杰著：《德川日本论语诠释史论》，第108—109页。)

孔子曰："麻冕，礼也；今也纯，俭，吾从众。"(《论语·子罕》，第87页)仁斋指出：孔子"吾从众"，说明"道"存在于民众之中，平易近人，百姓易懂且易于接受。如"言忠信，行笃敬"，"三年无改于父之道，可谓孝矣"。这些具体的教诲，都是孔子之“道”，百姓极易接受矣。所以，仁斋认为，孔子之道是“天地之常经，古今之通谊……有智者皆可知，有智者皆可行，虽夫妇之愚不肖，莫不知能行焉，此所以为圣人之道也。”（黄俊杰著：《德川日本论语诠释史论》，第109页。）

仁斋说：“道也者，天下之公共，人心之所同然；众心之所归，道之所存也。……道者流行天下，人人之所同由，故合于人之性则为道，否则非道。……道也者，存于人伦日用，大于天下万世，而不可须臾离者也。”（黄俊杰著：《德川日本论语诠释史论》，第124页。）

南怀瑾先生说：“孔子真正的学问精神是讲‘仁’，它的根基则在于‘道’。所谓‘志于道，据于德，依于仁，游于艺’。这是孔门学问的四大原则。……‘道’有时表示形而上的本体，有时候表示形而下的法则、原则、守则，如治道。又如《孙子兵法》说：‘兵者，诡道也。’……还有时候是道路的道，一条道路叫道。有时候又是指心性而言，是心性的本体，也就是理性、理念的最高境界叫道。”（《论语别裁》，第178—179页。）

古今中外学者对于孔子“道”的论述，既有行而上之人心所同然，心性之本体，众心之所归，理念之境界，行“仁”之根基；又可引申为做事之原则、遵守之规范、公共行为之标准。

德的本意是指道德，品行、信念、心愿，又指恩惠、恩德。儒家认为，最好的治国之道是采用道德教化百姓，提高人们的素质，从内心知礼。（参见《新华大字典》，第232—233页。）

商道即兴业经商之道，生财货殖之道。此道非指具体道路，而是指工商实业家在求财求富过程中，应懂得孔子数次所讲“道”的真正内涵，明白孔子“道”的精神实质，即孔子儒家道德的最高标准，“内圣为仁为诚”，“外王为忠为恕”，树立正确经商求富之理念，坚持走仁义之道，诚信之道、忠恕之道。即使经营受挫，甚至失败破产，仁义信念不动摇，诚信做人不改变，就是沿街乞讨亦无憾也。

孔子曰：“士志于道，而恶衣恶食者，未足与议也。”（《论语·里仁》，第35

页。)孔子之意是说：有志探求真理行正道之士，不能恶衣恶食，讲究吃穿，追求奢华，这样的人是不值得和他们进行讨论的。

孔子之“道”，意为仁道，不讲仁道只追求衣食享受者，是非仁者，不足与之交往也。君子辞富不辞贫，辞贵不辞贱。过于追求衣食口体享受之徒，大多是花花公子，纨绔子弟，此等人断不会依正道求财求富的。

陈树德先生在《论语集释》中指出：“士为学人进身之阶。荀子儒孝篇：匹夫问学，不及为士，则不教也。……黄疏引李充云：富贵形骸之内者，则忘其形骸之外矣。是以昔之有道者乃使家人忘其贫，王公忘其荣，而况于衣食也。心于求道，而以口体之奉不若人为耻，其识趣之卑陋甚矣，何足于议于道哉！”我国实业界之有志之士，立经商求财致富之道，富裕之后，不能恶衣恶食，只顾贪念口体之享受，忘却创业之艰辛，故而一定要牢记企业发展之不易也！

所有的道德都体现在人们的日常行为之中，例如，和朋友相约，准时守信是道德；“入则孝，出则弟”是道德；爱众亲仁是道德。尤其是经商讲究诚信，是商人们的高尚道德，它能给买卖双方以安全感，心里踏实，愿意合作。具有良好道德的商人参与市场竞争，即是好的竞争，善意的竞争，也一定能赢得顾客的信任。相反，如果不择手段，利己害人，破坏市场竞争之秩序，这种竞争就是恶性竞争。利己者违人道，终必将自灭。2007年石家庄三鹿毒奶粉事件，年逾花甲的女董事长，被判死刑缓期执行，同案中另有制毒者二人被判处死刑，充分说明利己者害人亦害己矣。

孔子曰：“参乎！吾道一以贯之。”曾子曰：“唯。”子出，门人问曰：“何谓也？”曾子曰：“夫子之道，忠恕而已矣。”(《论语·里仁》，第36页。)贯：贯通，贯穿，“一以贯之”即“以一贯之”，意思是用一个基本原则来贯穿它。唯：应答声。忠：忠心耿耿。恕：本意指用己之心去推测别人之心，宽厚仁慈，不计较别人的过错，能包容他人之过错。

曾子：曾参，南武城人，字子舆。小孔子46岁。孔子以为其能通孝道，故受之业，后作《孝经》，死于鲁。孔子对曾子说：参呀！我的理论学说可以用一

伊腾仁斋

个基本原则贯穿起来。曾子回答说：是的。孔子离开之后，门人问曾子：夫子之言何意？曾子说：夫子的学说，讲的就是忠和恕啊。

冯友兰先生说："先说忠恕二字的意义。恕是'己所不欲，勿施于人'。这是《论语》上有明文的。所以对于恕字的意义不必再有争论。……但究竟什么是忠，则并未说明。……忠有照己之所欲以待人的意思……己之所欲，亦施于人，是忠，己所不欲，勿施于人，是恕。忠恕都是推己及人，不过忠是推己及人的积极方面说，恕就是推己及人的消极方面说。"(《新世训》，生活、读书、新知三联书店2007年4月版。)

孔子倡导仁的理论在于立己而立人，达己而达人，实乃忠恕之道也。推行仁的方法，就是推己及人；即是己之所欲，亦施于人；而己所不欲之事切勿施于他人，主张把个人与众人及社会群体联系在一起，先己立再立他人，先己富再富他人，立己勿忘立他，真正做到己之所欲，亦施于人，"泛爱众而亲仁"。忠恕是仁的体现，仁是树的根，忠恕是树之干，有根才有干，根与干紧密相连，仁与忠恕形同树的根与干，须臾不可分离。

日本儒者早在德川时期，17世纪古学派大儒伊藤仁斋先生说："圣人之道，不过彝伦纲常之间，而济人为大。故曾子以忠恕发挥夫子一以贯之之旨。呜呼！传圣人之道而告之后学，其旨明且尽矣。夫子尝答樊迟问仁曰：'与人忠。'子贡问曰：有一言而可以行之者乎？夫子唯曰：'其恕乎。'孟子亦曰：'强恕而行，求仁无近焉。'可见忠恕二者，乃求仁之至要，而圣学之所成始成终者也。"(黄俊杰著《德川日本论语诠释史论》，第200页。)

仁斋先生以"彝伦纲常"解释孔子之"道"，指出"济人"是孔子"道"的核心内容，非宋儒之言"夫子之心，一理浑然而泛应曲当"。孔子之"道"应是一种社会运作的道德规范，其核心为"仁"。工商实业家门亦应遵循孔子之济人之"道"，积极践行仁义忠恕道德规范。

仁斋之后，又一大儒获生徂(cú)徕对孔子之"道"解释为"先王之道也"。徂徕说："先王之道，先王为安民立之，故其道有仁焉者，有智焉者，有义焉者，有勇焉者，有俭焉者，有恭焉者，有神焉者，有人焉者……有礼焉者，有乐焉者……儒者之道，博而寡要，然其所统会于安民。故仁，先王之大德也，依于仁，则先王之道可以贯之矣。故不曰'一'，而曰'一以贯之'。依于'仁'而立'道'，目的全在安民。故孔子之道即是立己之道，亦及人之道也。"(黄俊杰著：《德川日本论语诠释史论》，第201页。)

日本德川儒者对孔子"一以贯之"的解释主要有以下两点：

A.贯，统也。仁斋之言："贯，统也。言道虽至广，然一而不杂，则自能致天下之善，而无所不统……曾子以为，忠恕足以尽夫子之道也，因为门人述夫子一以贯之之旨如此……天下之至一可以统天下之万善，故夫子不曰'心'，不曰'理'，唯曰'吾道一以贯之'也。"仁斋之说系原于中国古代何晏(190—249)注云："善有元，事有会，天下殊途而同归，百虑而一致，知其言而众善举矣"。黄侃疏云："道者，孔子之道也。贯，犹统也，譬如以绳穿物，有贯统也。孔子语曾子曰：'吾教化之道，唯用一道以贯统天下万里也。'伊藤仁斋解释孔子'一以贯之'应依何晏和黄疏的注疏。"

B.以“仁”释一：日本儒者多认为“一”的含义指‘仁’而言，所谓“忠恕”就是求“仁”的根本途径。……“所谓仁也者，能为人谋而不悖义之道也，则仁人苟且之间，犹能志于仁，则行事皆无不善也。……故之圣人之道，仁以贯之也。……所谓忠者，为仁谋事，以身纳其事，而尽己忠心也。恕者，施事于人，反推之己，而如己心之所好恶也。此是忠恕者，为仁之方也。”(《黄俊杰著：《德川日本论语诠释史论》，第203—204页。)

中国工商实业者们要遵从孔子“吾道一以贯之”的教诲，经商求富应自始至终奉行仁道，济众安民，一辈子走正道不走邪道，一辈子做好事不做坏事。此之虽难，但只要坚持为仁谋事，尽己忠心，定能做到“一以贯之”，财富一定可求也。

本章小结：主要论述商与道之产生，简述孔子的富贵观，求财求富之必要性，富与贵乃人之所欲，穷，乃人之所恶。只要做到“为仁谋事，尽己忠心”，坚持“一以贯之”，财富一定可求也。

二、财富可求

2.1 孔子的财富观

在《论语·里仁·第五》里，孔子曰："富而可求也，虽执鞭之士，吾亦为之。如不可求，从吾所好。"（陈昌明译注《论语·述而·第七》，第68页，山西古籍出版社2001年6月版。）

孔子之意是说：财富是可求得到的，即使是替达官贵人执鞭赶车或替富人执鞭守门，我也可以去做的，这也是自己劳动所得到的财富。这句话上半句是说富而可求，但必须走正道以求富。有些行业虽然卑微，但只要合乎道义，则可去做，由此而得到的财富是合乎义理的。

下半句之意是说：如果不以正道求富，则永远不要与富结缘，与其用非正当手段骗得财富，不如甘愿过着箪食瓢饮的贫穷生活。甘愿贫穷而行正道，精神上却很快乐。因此，不择手段采取奸诈之术致富之心不应有，不能有，有者必亡也，一心利己者终必将害己也。所以，孔子说，如果求富不能的话，我还是去干我自己喜欢干的事情，过着安贫而乐道的愉快生活。由此可以说，物质财富丰厚，不一定精神生活饱满。当今有些企业家虽身价万贯，洋房别墅、豪车美女，一应俱全，但是精神生活往往空虚，有些人堕入犯罪深渊。

中国宋儒空谈仁义，只要一说到求财求富和利禄功名，不问青红皂白，只要提及富贵，说到功名，不论其善恶好坏，均视之为恶，他们均一概反对之。像孔子这样的圣贤为了致富，连执鞭这样的低微之事情都愿意去做，因为它符合道义，这是一般儒生所不愿为的。后儒们所宣扬的"存天理，灭人欲"，空谈仁义道德，与孔子之财富观和济众安民之思想是相悖的。

富，其本意指完备，财产丰足，亦意为厚、多，与贫相对。如富商、富豪，富翁。孔子亦欲求富，即使为别人执鞭之低下之职，也不嫌弃可去做。“执鞭，君之卫士，亦有禄位于朝也。”“执鞭，贱者之事，设也，言富若可求，则身为贱役以求之，亦所不辞……古之所谓富与贵者，禄与位而已。贵以位言，富以禄言。富而可求，以禄言也。执鞭，虽下位也……谷禄之富，于己合义，虽其职位卑下，亦必为之……苟不合义，虽其爵位高大，亦必不为……伊川曰：富贵人之所欲也，苟于义可求，虽屈己可也，如义不可求，宁贫贱以守其志也。”（陈树德：《论语集释》，第454页。）贫穷是人之所恶也。

宪问耻。孔子曰：“邦有道，谷；邦无道，谷，耻也。”（《论语·宪问》，第149页。）宪，姓原，名宪，子子思，孔子学生。

原宪问孔子何谓耻辱？孔子回答说：国家政治清明，纲纪严肃，官员勤政为民，这时可以去做官，所获得的俸禄是合乎道义、合乎情理的；而国家政治黑暗，贪官横行，鱼肉百姓，这时去做官获得俸禄，大多是不义之财，因而是可耻的。

在国有道之时日，如何防止和避免百姓贫穷？这是国家政府关注的大事。而就个人而言，防贫的根本是努力奋斗，开拓进取，积极寻求生财致富之道。要依靠众人之力，要积极争取和依靠国家政府的支持，仅仅只凭个人之力，是更难成功的。尤其是遇到天灾或人祸而导致贫困，离开国家政府的救助，是无法避免贫穷的。如果是懒惰之徒，投机取巧之徒，而贫穷，是为众人所不齿的。而那些凭借权利贪、嗔而得者，更不齿也，罪也。所以，孔子说求财求富，乃人之所欲也，但必须应以其正道而求之，才“可处也”。

孔子曰：“不义而富且贵，于我如浮云。”孔子之意，是说如果不符合道义的富贵，对于我就像浮云一样，宁可贫贱，过着箪食瓢饮的生活，也是很快乐的。求富需以正道求之。在现代市场经济充满着激烈竞争的情况下，企业求财求富者必须坚持正道，树立正确的竞争意识，精心研究、制定竞争策略，掌握竞争方法，才能够求得财富获得利益，取得成功。

金钱和财富是可贵的。金钱是无罪的，但金钱又是危险之物，卑贱之物。说它是可贵的,因为它是劳动者辛勤劳动的结晶,它是商品交换的凭证,是国家、集体、个人财富的代称。所以不能盲目鄙视金钱和财富,它和百姓衣食住行关系极为密切,故而要积极地创造财富,多积累资金,国库充盈,国民富足,国家强盛。但是金钱不可贪也,"君子财多损其德,小人财多损其过",此话却有哲理。贪得的金钱是危险之物,"是德能的包袱"(培根语);但鄙视金钱和财富是错误的,国无财富国势必弱,国势弱必被欺;国被欺民必被辱。所以,国家强盛之根本在国强,国强之根本在民富,民富之根本在生财,生财之根本在有"道"。

李泽厚先生说:"发财确有极大的偶然性,并非只要努力就能得到。不像读书、做人,只要努力,总可以有所成就。"(李泽厚:《论语今读》三联书店2008年2月版,第198页。)李先生所指之意:求财求福有极大的偶然性,即机遇。子贡能"亿屡中",即应是把握求财之机遇,紧紧抓住商机不放过,否则稍纵即逝。真正的财富是依靠工商实业者们正当的经营活动取得的。正如孔子所言:找个为富人执鞭看门或赶车的差事,也是谋职的机遇矣。

2.2 富与仁

孔子曰:"富与贵,是人之所欲也;不以其道得之,不处也。贫与贱,是人之所恶也;不以其道得之,不去也。君子去仁,恶乎成名?君子无终食之间违仁,造次必于是,颠沛必于是。""不以其道得之":即不凭正当的手段得到它(指财富)。去:离开。恶;通"乌",哪,怎么。"终食之间":即一顿饭的时间。违:违背。造次:匆忙、急遽。(《论语·里仁》,第33页。)

富:是指财富充盈、富裕;贵:是指地位显赫、高贵。孔子之意是说:财富和地位功名,是人人都希望得到的,如果不以正当的方法得到的财富,君子是不会享用的,即"不处也"。"不处"之意应是不要享用。贫困和卑贱,这是人人都厌恶的,但本可以避免贫贱而贫贱了,发生了天灾、人祸、瘟疫,致使君子家境蒙难而导致贫穷,这也是没有办法的,是无法抗拒的,"不去也",这种境况一时摆脱不了的。"不去"应是无法抗拒、无法摆脱、无法离开之意。但是,即使因无法抗拒之原因,而导致贫穷,君子也不能违背仁义,即是连一顿饭的工夫都不要违反仁义;即使在匆忙和到处奔走之时,也不要扔掉仁义。“不以其道得之”:即指不凭正当的手段得到财富。例如:偷盗、抢夺、欺诈造假、巧取豪夺等卑劣手段之所得。目前揭露出来的种种商界之劣迹,均属既违圣贤之教诲,又违国家政府之法律,实乃商界仁人应吸取之教训也!

世界上一切商业行为,都与金钱利益息息相关,因此,商人极容易为利欲所感染、所迷惑,就会产生离开仁义之道的思想和行为。在忽视精神财富仁义道德的情况下,产生过于重视财富、迷恋金钱的思想,是必然的。所谓“拜金主义”,就是财富至上,金钱万能也。只讲金钱至上,不讲仁义道德的人,多数是知识贫乏,缺乏伦理道德教育,思想幼稚,道义心淡薄,道德观念缺失之徒,以致不少人堕入犯罪的歧途。

李泽厚先生说:“仁之所以能贯串一切行为、活动、态度、人生,并不是因为它是道德律令、‘天理’‘性体’, 而是一种自觉塑建的心理素质即情理结构的原故。”(李泽厚:《论语今读》,第110页。)孔子思想的核心是“孝”,而“孝”乃“仁”之本与。“仁”是儒家最高的道德标准,是“忠恕”之根基也。当今之工商实业家应把“仁义”作为求得财富的正道,自觉塑建崇高的心理素质,在经营过程中求得的财富,才是合乎“正道”的,因而是“可处”的。

孔子说:“不其道得富贵,则仁者不处也,谓不当得而得之。然于富贵则不处,于贫贱则不去,君子审富贵而安贫贱也如此。得之为言,富贵人之所欲,不以其道而有得焉,得则可富贵矣,然君子不处此富贵也。贫贱故人之所恶,不以其道而有得焉,则不贫贱也。”(陈树德:《论语集释》,第233页。)古之圣贤对富贵和贫贱审其源,清其流,得之道正者处也,去也,否则不处不去也。孔子、颜子对此看得分明,故不为欲恶所乘也,即使箪食瓢饮,曲肱而枕,亦乐在其中矣。

遵循孔子之教诲, 依据仁道求富谋利乃所有工商实业者之重要目的。因为开公司,办实业要有资本投入,而资本投入之目的在使资本增值,获取效益。投资人要依法纳税,支持国家财政收入;要发放公司员工的劳动薪酬和福利劳保,保障员工个人和家庭的生活资料,维系劳动力再生产。企业奉献社会,承担社会责任,济贫助困,爱众亲仁,尽己之忠,恕他人之利。公司要不停地创新,扩大再生产,亦需资本积累。如果公司不积极求富求财,获取利润,那么公司就失去了存在的意义,这样的公司势必倒闭关门。工人失业,无工资收入,如何孝敬父母,养育子女?若众多家庭无生存保障,箪食瓢饮,朝不保夕,势必给社会造成动荡不安,老者不能安之,少者不能怀之,朋友不能信之。正如前文所述,民贫之,国必弱之,国弱之,国威必受损矣,国威受损,国人必受欺矣。

所以工商实业者务须要精进,依仁道努力经营谋利,求财求富,既利民利国,己之利亦在其中矣。在市场竞争的大潮之中,勇于竞争,善于取胜。自己富裕之后,勿忘众人,遵循孔子之教诲:“己欲立而立人,己欲达而达人”。((陈昌明译注:《论语·雍也·第六》,第64页,山西古籍出版社2001年6月版。)

2.3 仁者立己立人

子贡曰:“如有博施于民而能济众,何如?可谓仁乎?”子曰:“何事于仁!必也圣乎!尧舜其犹病诸!夫仁者己欲立而立人,己欲达而达人。能取进譬,可谓人之方也已。”(《论语·雍也》,第64页。)

病:担心,忧虑。取进譬:以自己打比方,即推己及人之意。

子贡不受官府之命,货殖亿则屡中。有一天,子贡问孔子:如果有人发财之后,能广泛地救济贫穷百姓,这个人怎么样呢?能称得上仁人吗?子贡可能是想请孔子称其为“仁者”“圣者”,而孔子回答说:一个人富有之后且能济众者,不仅是仁人,而且必定是位圣贤之人啊!就连尧舜恐怕也做不到呢!有仁德的人,自己想办到的事情也一定会帮助他人去办到,自己达到的尽力去推及他人,这可以说是实行仁之方法。孔子以此开导子贡,富裕之后勿忘众人,先施仁义,安民济众,方能成为仁者。由仁达圣非一时之功也。

李泽厚先生说:“《论语》全书大都说‘仁’大于高于其他范畴,如大于高于礼、义、忠、信、亲、庄、敬、恭等等。唯独此处出更大更高的‘圣’的范畴。这恰好说明，‘仁’主要是指一种心理感情和精神境界，‘圣’则因包括外在功业的整个客观成就，所以大于仁。由此亦可见孔子颇重‘博施于民’的功业成就，并非专讲一己之成德……”(李泽厚:《论语今读》，第187页。)

陈树德先生在《论语集释》书里引曰:“东方者春，春之为言，蠢也。产万物者圣也。南方者夏，夏之为言，假也。假者，大也，养而大之，仁也。则内圣外王总以仁及万物为言……然则仁与圣皆推心之恕以长养万物，浅深一体。……仁训爱，圣训通……通乎仁义之道，而后可以成己以成物。”(《论语集释》，第427页。)陈先生说:“孔子论仁，以圣为第一，仁即次之。仁固其难能矣，圣、仁孔子皆谦不敢当。子贡视仁过高，误入圣域，故孔子分别圣字，将仁字论之曰:所谓仁者，己之身欲立孝道，亦必使人立孝道，己欲达德行，亦必使人达德行，所谓‘爱人如德’也。”(《论语集释》，第428页。)

关于“仁”的研究，我在前章文稿中已作些论述，这里再作点补充。《论语》全书言“仁”者有58处，使用“仁”字有105个。《论语》全书中论及“仁”之说，它应包括全部人类之美德，尤指具体之道德行为。

有子曰:“君子务本，本立而道生。孝弟也者，其为仁之本与！”(《论语·学而》，第2页。)有子，姓有，名若，孔子的学生。有子之言是说:君子要致力于根本的事情，专心做好基础的工作，只要把基础的事情做好了，社会道德就会由此而产生了。孝敬父母，友爱兄长，这些孝悌准则，应是仁的根本吧。这就是说，一个人要做仁者，必先孝顺自己的父母，尊重兄弟姊妹，发自内心，表里如一，言行一致。只有做到孝与敬，才能爱众济人，立己立人。这些应是君子做人之本。现今之企业家们应牢记先儒有子之教诲，孝顺父母，友爱兄弟，立己立人。

然而，朱子《集注》释之曰:“仁者，爱之理，心之德也。”以“理”为宇宙万物所共有的普遍原则。钱穆(宾四，1895—1990)先生指出朱子之问题。“朱子所引程子说，谓‘德有本，本立则其道充大，孝弟行于家，而后仁爱及于物’，此却故意避去一‘生’字，而转依孟子改用‘充大’字。盖因‘仁’即使‘性体’中所固有，则不待行孝弟而始生。朱子依《论语》原文作注，不能避此

'生'字;然既谓仁为'爱之理',理则先在,亦不在行孝弟而始生。又'道'字与'理'字含义不同,固可曰'仁道自此生',却不能说'仁理自此生'。《论》《孟》多用'道'字,少用'理'字,至程朱始专一以'理'字说之,又必弥缝难合矣。则朱子此注,其依违于孔孟、二程之间而弥缝求合之情,亦可见。"(黄俊杰著:《德川日本论语诠释史论》,第110页。)宋儒主张"去人欲",空谈"仁义""天理",既违背孔子之财富利益观,更违背人类社会发展之规律。

2.4 仁义勿空谈

孔子的最高理想是"仁","仁"是孔学的最高的道德标准。仁者要推己及人,立己立人,爱众亲民。但是,仁义不能空谈,正如涩泽先生指出的:"宋代学者倡导仁义道德的时候,完全陷入空论,认为利欲之心是可以去掉的。结果到宋的末年,受到元的进攻,祸乱不断,最终被元所取代,这是宋的悲剧。由此可知,仅仅是空理论的仁义,也挫伤了国家的元气……最后走向了亡国。因此,必须认识到,仁义道德搞不好也会导致亡国。"(涩泽荣一:《论语与算盘》,江西人民出版社2007年1月版。)这是日本学者对中国宋儒朱熹(晦安,1130—1200)空论仁义之评判。日本许多学者不满朱子在"人道"之上另立"天道",他们告诫日本国人切勿空谈仁义道德,否则会招致亡国。所以,中国的实业家们亦应谨记涩泽先生之教诲,切勿空谈仁义,应积极奋进,勇于竞争,努力增加财富,实现民富之,国强之,才能国泰民安也。

这里简要叙述一下宋儒之理论。中国到了11世纪末期,儒家学派出现了一个新的所谓理学派别,其代表人物是程颐和他的哥哥程颢(hào),时称"二程"。他们的主张是坚决压制人的感情和灵性,鼓吹没有感情和灵性的道德,才是最高的道德。反对和否定所有情感和灵性及与之相关之事物,包括文学和艺术、人的任何偏好,连程颐教的只有10岁的赵煦登极那年(1085),偶尔折了一枝小柳条玩,都遭到他严厉的训斥,令小皇帝气得发抖。可程颐要求人类只能敬畏圣人,别无他求,否则就是邪恶,而他本人对小皇帝却连玩一枝柳条都训斥,是乃邪恶之举矣。程颐对寡妇严厉禁止再嫁,所谓"饿死事小,失节事大",慷慨牺牲他人之生命和幸福。程颐之理学,受到当时苏东坡的反对，因他被逐出官府，当时未能发生大的作用。到了12世纪末，他的门徒继承者朱熹进一步发展了他的理论。

日本学者伊藤仁斋先生对朱子之歪曲孔孟‘仁’的思想大加驳斥，他说：“仁者，天下之大道，而仁之所不可不由焉而行者也。而循其本，则人性之善，具有四端。……故孟子曰：‘人皆有所不忍，达之于其所忍仁也。’又曰‘恻隐之心，仁之端也，羞恶之心，义之端也，辞让之心，理之端也，是非之心，智之端也。人之有是四端也，尤其有四体也。’又曰：‘亲亲，仁也。无他，达之天下也。’有子以孝弟为仁之本，其言相符。……先儒之说以为：仁义者，人性所具之理。性中只有仁义礼智四者而已。……然则孟子以仁义为固有者，何也？盖谓人之行善，故以仁义为其性也。此以仁义名性也，非直以仁义为人之性也。毫厘千里之谬，正在于此，不容不辩焉。”（黄俊杰著：《德川日本论语诠释史论》，第111页。）

中国台湾学者柏杨先生指出：“朱熹的哲学基础是程颐的‘敬畏’，他把它阐扬为‘居敬穷理’。于是他发现‘天’是宇宙的自然法则，同时也是道德（个人的）法则和政治（国家的）法则。”“道学家认为，人类只有两种：‘不是圣贤，便是禽兽。’……这种道德法则的精神和形态，被称为‘礼教’（又称为‘名教’）。怎样使礼教达到至善，朱熹认为关键在于‘天理人欲’。天理是善，人欲是恶。”（《中国人史纲》，第26章，第364页。）朱熹要求人们“存天理，去人欲”，忍受苦难，与世无争。二程之误论，导致北宋两个皇帝被金人掳去北疆，后遭惨死；南宋为元所灭。程朱的“理学天道论”，显然与孔子的求财求富之理论和“争也君子”之教诲相悖。

孟子曰：“仁则荣，不仁则辱；今恶辱而居不仁，是犹恶湿而居下也。”（杨伯俊：《孟子译注·公孙丑·章句上》，第75页。）孟子之意是说：在位者如果能实行仁政，就会受到百姓尊重，就会带来荣耀，故仁则荣；如果不实行仁政，就会带来灾难，受到百姓侮辱。但仍然有些人既厌恶侮辱，又做些不仁之事，就像厌恶潮湿却又处在低洼湿地一样。

在现实社会里，有些企业经营者为了自己赚钱，表面上大讲仁义道德，高唱“以人为本”,做起来却言过其实。

案例:2010年1月3日下午2点20分前后,云南建工集团市政公司承建的昆明新机场配套引桥工程,浇筑混凝土过程中突然发生支架垮塌事故,垮塌长度约38.5米,宽为13.2米,支撑高度约8米。事故发生时,作业面下有40多人。至1月3日晚8时,该事故已导致41人伤亡,其中7人死亡,8人重伤,26人轻伤。这是否是一次严重的工程质量事故呢?这个建工集团的老板们把一大批靠出卖劳力维持生计的老百姓之宝贵生命,视如草芥。他们如何面对死难者亲人?7位死难者亲人之悲痛心情是可想而知的,怨恨之情绪也是显而易见的!所以,国之工商实业家们应积极倡导仁义道德,仁则荣,不仁则辱,树立“推恩保四海,不推恩无以保妻子”,利己又利他人的崇高道德品质(含利众人、利社会、利国家),通过正当合理的竞争,获得财富和利益。

本章小结:本章进一步论述孔子的财富观,求富贵乃人之所欲,正确理解求财求富之目的,做到己富而富他人,己立而立他人。仁义不能空谈,行仁则荣,不仁者则受辱也,害他必害己也。在求财富的道路上,遵守商业道德规范,开展积极的经营竞争。

三、君子也争

3.1　君子也争

射箭比赛

孔子曰:“君子无所争，必也射乎！揖让而升，下而饮。其争也君子。”(陈昌明注:《论语·八佾》,第22页,山西古籍出版社2001年6月版。)

孔子意思是说：君子遇到利益之事应先劳而后获,无所争。如果有争之事,古代必也是射箭竞赛吧!即使是射箭比赛,彼此是相互作揖谦让,客气一番,而后登堂比赛,结束后走下堂,饮酒庆贺胜者,还相互敬酒。君子之间这样的竞争也是符合礼的。若射箭输方比不过他人,只能是自己水平不行。正如孟子所言:“仁者如射:射者正己而后发;发而不中,不愿胜己者,反求诸己而已。(杨伯俊译注:《孟子译注》,第81—82页,中华书局。)孟子之意:行仁的人就好像射箭比赛的人,射箭的人要先端正自己的身体姿势,而后瞄准靶心放箭;如果没有射中目标,不要怨胜己者技艺好,多省自身之不足。

陈树德先生在《论语集释》一书中释道:“古者生男,必设桑弧蓬矢于门左,至三日夜,使人负子出门而射,示此子方当必有事于天地四方……君子于礼,所主在重,所略在轻,若升降揖让,于射则争,是为轻在可让,重在可争,其所谓礼敬之道哉?”(《论语集释》,中华书局2008年2月版,第155页。)

"揖让而升，大射之礼……下而饮，谓射必揖降……言君子恭逊，不与人争，唯于射而后有争。然其争也雍容揖让乃如此，则其争也君子，而非若小人之争矣。……君子之争者礼仪，小人争者血气。……世间多事多起于争，文人争名，细人争利，勇夫争功，艺人争能，强者争胜。无往不争。"(《论语集释》，第156页。)

君子之争要有志气。孔子曰："三军可夺帅也，匹夫不可夺志也。"(《论语·子罕》，山西古籍出版社2001年6月版，第96页)孔子之言：意为打仗的时候，军队有可能失去主帅，但人民的志气不可夺去，斗志坚不可摧，此乃国强之本也！

陈树德先生的《论语集释》考证："匹夫"，古之以夫妇相匹而言，亦曰束帛，二端为两，每一两为一匹。"夺"，即今之脱字也。"帅"，佩巾也。(第618页)"三军虽众，人心不一，则其将帅夺而取之。匹夫虽微，苟守其志，不可得而夺也。"(第619页)

日本现代工商企业之父——涩泽荣一先生

仁者不争，是指不该争之事不争，不义之财不争，比如争个人名誉，争个人出风头，争权夺利等等。但是现代市场经济，充满着竞争，在求财求富的道路上，竞争无法避免，不能回避，也回避不得。所以，经营者一定要坚定信念，该争之时绝不退让一步，只要有一分希望，就要用百分之力去争取胜利。取胜之志不可夺，奋发图强，奋力拼搏，为国家民族之利益而争，为公司之发展而争,为员工谋利益而争。正如涩泽荣一先生所说:“社会上有不少人认为我是个绝对不与人争的人。当然,我不喜欢和人争,但也不是完全不争的人。如果要一直把正确的道路进行到底,那么就对无法避免和人争的事。……只要我相信我的所作所为是正确的,我是绝不退让一步的。”(《论语与算盘》,第34—35页。)君子要做仁者,仁者不惧也。

3.2 仁者不惧

孔子曰:“天生德于予,桓魋其如予何!”(《论语·述而》,第72页。)桓魋(tuí),宋国的司马向魋,系宋桓公的后代,故称桓魋。

据孔子七十五代孙孔健先生著《新论语》载:孔子五十八岁,丙午,周敬王二十五年、鲁定公十五年。居卫。后去卫,过曹,自曹适宋,见司马桓魋自为石椁(guǒ)三年而不成,工匠皆病。愀(qiāo)然曰:若是其靡也,死不如速朽之愈也。桓魋恶之,见孔子与弟子习礼于大树下,欲拔其树以害孔子。孔子微服而去之,弟子曰:可以速行矣。此时,孔子告诉弟子说:上天把这些品德赋予了我,桓魋又能奈何于我,把我怎么样呢!言必不能违天害己,犹匡人闻文王之德而去也。可见,仁者遇到危难之事因内心无愧,从容应对,不畏不惧也。

新中国成立60年尤其是改革开放30年来,经济发展速度确实很快,但由于基础差,加上经济建设经验不足,十年“文革”的倒退,目前综合竞争力排在全球第29位;全球现代网速,韩国第1位20.4mps,日本第2位15.8mps,瑞典第3位12.8mps,中国排在第71位1.774mps。我国也在发展超级计算机,可是国人不知道超级计算机是IBM的传统项目,还有惠普,全世界超级计算机行业里前两家占了80%的份额。服务器在国内市场占据了73%的份额。泱泱13亿人口之大国,经济科技仍处在发展之中。

目前尚存在“台独”、“藏独”、“疆独”三股敌对势力和国际反华势力相勾结,千方百计企图破坏中国的现代化经济建设;一些发达国家一方面实施经济保护主义,对中国的贸易出口制造种种事端;另一方面采取各种手段,对中国的经济、金融、社会乃至政治领域实行干预,施加影响,企图控制。例如,早在1999年,中国第一、世界第五的电池生产商福建南平南孚公司，为了改善该公司治理结构，引进外资，但竭力避免被美国吉利公司所并购。然而，起初以美国摩根斯坦利为首的国际基金，在2002年对南孚实现控股后，2003年便将他们所持股份全部转售给南孚的直接竞争对手美国吉利公司了，令南孚公司上了美国摩根财团的当，对摩根公司奈何不得。

中国改革开放引进外资来华投资，无疑给中国的经济建设带来了诸多益处，刺激了中国经济、社会的发展；然而，外资在中国借机渗透，他们积极培育政治势力，采取卑劣手段收买、拉拢、腐蚀、操纵中国政府某些官员，为他们在华经济利益的代言人。2006年6月，北京市原副市长刘志华在香港进行色情交易，被一外商精心策划了60分钟的录像带，后当该外商企业未能拿到北京某黄金地段土地时，此外商便把刘志华在香港某宾馆的色情交易的录像带曝光，刘被免去职务，追究法律责任。

有些外商恣意干涉中国的司法行政，只要中国的法律对他们稍有不利，他们便借机给中国政府施加压力，影响中国立法，是可忍孰不可忍也。

中国的经济建设可谓困难重重，步履维艰。因此，国之工商仁人要立志，要拼搏，要奋进，志于学，志于道，锲而不舍，如江河奔腾，日夜川流不息。有一副古对联：有志者事竟成，破釜沉舟，百二秦关终属楚；苦心人天不负，卧薪尝胆，三千越甲可吞吴。中国商界之仁人要自立、自强，只有卧薪尝胆，奋发图强，做到不忧、不惑、不惧，才能真正自立于世界民族之林。仁者无敌焉！

孔子曰："知者不惑，仁者不忧，勇者不惧。"(《论语·子罕》，山西古籍出版社2001年6月版，第97页)孔子之意是说：聪明的人遇事不会迷惑，具有仁德的人心胸开朗，没有忧愁，勇敢的人不惧怕困难。

陈树德先生在《论语集释》一书的"集解"曰：不惑，不惑乱也。不忧，不忧患也。……勇者不惧，无畏惧也。……智能辨物，故不惑也。安于仁，不改其乐，故无忧也。(《论语集释》，第625页。)

当今世界经济全球化竞争，企业家们既要做仁者，又要做智者，更要做勇者，不惧不畏，前提是不惑，有勇又有谋，勿做暴虎冯(píng)河，招致自灭。

南怀瑾先生在《论语别裁》书中说："智慧，我们要注意，知在东方文化里并不是知识。书读得好,知识渊博,这是知识。智慧不是知识,也不是聪明。……所谓聪明是头脑好,耳聪目明,反应很快就是聪明,是后天的;而智慧是先天的,不是后天的反应,天分中本自具有的灵明,这就叫智慧。……真正有智慧的人,什么事情一到手,就清楚了,不会迷惑。""仁者不忧,真正有仁心的人,不会受环境动摇,没有忧烦。勇者不惧,真正达勇的人,没有什么可怕的。但真正的仁和勇,都与大智慧并存的。"(《论语别裁》,第475、476、477页。)

李泽厚先生在《论语今读》中译注说:"聪明的人不疑惑,仁爱的人不忧愁,勇敢的人不畏惧。""君子乐天知命,故不忧;审物明辨,故不惑;定心致公,故不惧。"(《论语今读》,第270页。)企业家既要做仁者,又做智者,更要做勇者,修炼己心,锻炼己身,努力培养自己的商才和"士魂"。

3.3 商才与士魂

孔子曰:"君子不器。"(《论语·为政》,第14页。)器:器具。因古代器具可能是为某种需要而专做的,只有特定的用途,各种器具大概不能通用,因此,孔子比喻人的才能有限,提出君子要有多种才能和技艺。不能像器具那样,仅有一种用途就行了。

有一天,子贡问孔子曰:"赐也何如?"子曰:"女,器也。"曰:"何器也?""瑚琏也。"(《论语·公冶长》,第41页。)器:器具。瑚琏:古代宗庙盛黍稷的器皿,非常贵重,此语孔子把子贡比作瑚琏,肯定了子贡具有的才干,是可贵的,但还不是全才,还没有做到"君子不器"。后来,子贡"不受命","亿则屡中";善外交,游说于诸侯国之间;尤其是对孔子的尊崇和孝道,用经商之财富供养孔子,孔子离逝后,为其守孝六年,实乃常人所难为也。说明子贡有相当的经济财富支持其六年衣食生活之需要,其乃中国古代之商才也!

《论语·先进篇·第三》:"德行:颜渊、闵子骞、冉伯牛、仲弓;语言:宰我、子贡;政事:冉有、季路;文学:子游、子夏。"(《论语》,第111页。)这是孔门弟子之才能的典型代表人物,他们品格各有所长,有德行科、语言科、政事科、文学科。今之企业家应择其善者而从之,可依据孔子之四科,既培养自己的商才,又浇铸自己的"士魂",努力做到"君子不器"。

涩泽先生在《论语与算盘》一书中说:“我常常提倡士魂商才。……是说日本人必须以日本所特有的日本魂做根基。”涩泽先生认为中国历史悠久,有孔孟这样的贤者圣人,所以他积极提倡日本人学习中国的政治、文化,培养才艺。

涩泽先生提出的士魂与商才和“实业与士道”之观点,应是源于孔子的“不惑、不忧、不惧”之思想。有人把现代日本商人比喻为穿着西装的“武士”,他们一手拿算盘,一手拿《论语》,具有强烈的武士道之精神。此种武士道之精神,原指日本幕府时代产生的武士道德条律,以维护日本封建制度为目的,宣传、灌输、积极推行以忠诚、勇敢、信义、廉耻、朴实、节俭等为内容的优良品质。这些日本武士之优良品质为后来日本商人所效法,他们勇于拼搏,善于竞争,经过百年之激荡,尤其是二战以后,日本的经济快速发展,汽车、电子跃为世界之前列。

曾子曰:“士不可以不弘毅,任重而道远。仁以为己任,不以重乎?死而后已,不以远乎?”(陈昌明译注:《论语·泰伯》,2001年6月版,第81页。)曾子之意是说:一个读书人不可以心胸不开阔,不宽广,意志不坚强;要知道责任之重大,道路之遥远。把实现天下之仁德作为己之重任,此责任是非常之重大的,为实现此重任要一直奋斗到死才罢休,这不是很遥远的吗?

弘是形声字,弓为形,厶为声。弘的本意指弓弦拉开后弹回时的声音,又表示宏大或高、大,引申表示扩大、光大。(参见《新华大字典》,第472页。)毅是形声字,意为表示果断、坚决;刚毅,志向坚定,行为果敢。毅的本意指“妄怒”,即盛怒。(《新华大字典》,第1493页。)

曾子之言,意指读书人心胸要宽广,意志应坚强。因为他们治理国家的责任非常之重大,且道路很遥远。以实现天下的仁义道德作为自己的重大责任,为实现伟大理想而奋斗到死,这应是很遥远的。也就是说,知识分子型的企业家(有人称之为儒商),应弘大而刚毅,担当齐家治国之重任,且长期坚持不懈,仁为己之责任,奋斗终生,死而无憾。孟子曰:“我知言,我善养吾浩然之气。……其为气也,至大至刚,以直养而无害,则塞于天地之间。”(杨伯俊译注:《孟子译注》,中华书局2008年3月版,第62页。)孟子之意,人应有一种气，此气是一种骨气，是刚强之气，正义之气，塞于宇宙之间，不惧艰难险阻，不达目的誓不罢休焉！此可视为工商实业者之“士魂”也。

中国实业界的领袖们，亦应具有浩然之气，树立不惑、不忧、不惧之精神，深刻认识贫穷势必危国，国富才能兴邦。涩泽先生指出：“只要始终坚持以自立为本位，须臾无悖于道，专心致志地力行，然后谋求财富或显贵，这才能过上人的真正有意义、有价值的生活。现在可用武士道做实业道。”(《论语与算盘》，江西人民出版社2007年1月版，第123页。)孔子弟子仲由(即子路)实乃中国古代一位讲仁讲义的武士，他的精神值得今之工商人士效法。

3.4　效先贤之义勇

仲由(前542—前480)，字子路，又季路，卞人也，是孔子七十二贤达学生之一。小孔子9岁。“子路性鄙，好勇力，志伉直，冠雄鸡，佩豭(jiǎ公猪)豚(tún小猪)，陵暴孔子。孔子设礼稍诱子路，子路后儒服委质，因门人请为弟子。”(《二十五史·史记》，第225页。)

由此可以看出，子路性格直爽，有言必说，即使对老师，亦不给情面。“子见南子，子路不说。夫子誓之曰：予所否者，天厌之！天厌之！”有一次，颜渊、季路站在孔子旁边。子曰：盍各言而志？”子路曰：“愿车马，衣轻裘与朋友共，敝之而无憾。”(《论语·雍也·第六》，山西古籍出版社2001年6月版，第51、63页。)意思是说，我的车马及裘皮衣服和大家共同享用，用坏了也不遗憾。有一次，季康子问孔子，仲由可以派他从政吗？孔子答道：“由也果，于从政乎何有？”(《论语》，第56页。)意思说仲由办事果断，不拖拉，治理政事没有什么困难。二十篇《论语》共508章，记述子路言行的有多处。一天，子路、曾皙、冉有、公西华陪孔子坐着，孔子要他们说真话。“子路率而对曰：千乘之国，摄乎大国之间，加之以师旅，因之以饥馑；由也为之，比及三年，可使有勇，且知方也。”(陈昌明译注：《论语》，第121页。)

在孔子七十二贤弟子中，子路为人性格虽鲁莽，好勇力，但对朋友诚信，协助孔子“堕三都”，跟随孔子周游列国；对国家忠且义，临危不惧，最后为义而战死。

史料记载："子路为卫大夫孔悝之邑宰。蒉(kuì意为草筐)聩(kuì意为糊涂、不明事理)乃与孔悝作乱，谋入孔悝家，遂与其徒袭击出公。出公奔鲁，而蒉聩入立，是为庄公。方孔悝作乱，子路在外，闻之而奔往。遇子羔出卫城门，谓子路曰：'出公去矣而门已闭，子可还矣，毋空受其祸。'子路曰：'食其食者不避其难。'子羔卒去。有使者入城，城门开，子路遂而入。造蒉聩，蒉聩与孔悝登台。子路曰：'君焉用孔悝？请得而杀之。'蒉聩弗听。于是子路欲燔(fán，焚烧)台，蒉聩惧，乃下石乞、壶黡(yán意为深黑色)攻子路，击断子路之缨。子路曰：'君子死而冠不免。'遂结缨而死。孔子闻卫乱，曰：'嗟乎(jiē，意感叹，叹息)，由死矣！已而果死。'故孔子曰：'自吾得由，恶言不闻于耳。'"(《二十五史·史记·仲尼弟子列传》，第226页。)

中国古代具有武士精神的子路

子路乃孔子七十二贤人中具有武士义勇品格的豪士，也是孔子门人中性格独特的学生。据史料记载，唐开元二十七年(739)追封"卫侯"，宋大中祥符二年(1009)年加封河内公，南宋咸淳三年(1267)封为"卫公"。明嘉靖九年改称"先贤仲子"。仲由实乃中国古代既义又勇"士魂"之典范，今之国人之楷模！

本章小结：本章主要论述工商业者求财求富竞争的必然性，效先贤之义勇，培养"士魂"和商才，树立正确的竞争道德。

信守勤
文正勇
仁厚毅
智德忠

四、竞争的道德

4.1 诚信无欺

中世纪英国哲学家培根说："各种普通的生意和正当职业是靠诚实获取财富的，其致富的途径主要有两条，一是勤勉，二是公平无欺。而使用狡猾的手腕做生意所得的盈利却比较可疑，比如趁人急需而抬高价格，贿赂某人的仆役和亲信，用诡计排挤其他的正当商人，诸如此类，都属于奸诈卑劣之举。"(刘永升：《培根论说文集》。)

孔子曰："人而无信，不知其可也。大车无輗，小车无軏，其何以行之哉？"(《论语·为政·第二》，第18页。)

诚，意思是不欺。冯友兰先生说："刘安世说：'某之学初无多言，旧所学于老先生者，只云由诚入。……安世从温公学凡五年，得一语曰诚。安世问其目。公喜曰：'此问甚善。当自不妄语入。'"(冯友兰：《新世训》，生活、读书、新知三联书店2007年5月版，第122页。)

诚是形声字，言为形，成为声。诚的本意是指真实不欺，无妄即为诚，无虚假，与伪、诈相对。通常意为真实，不虚假，如诚意，做事诚实守信，实实在在，言行一致，表里一致，即是外不欺他人，内亦不自欺，说话实实在在，办事脚踏实地。《大学》说："所谓诚其意者，勿自欺也。"(冯友兰：《新世训》，第124页。)

信，是会意字。在金文中是由人和口两部分构成，表示人所说的话应是真实的。又写做左言右心，表示言为心声，心口如一。又意由人和言两部分组合而成，表示诚信。信的本义指言语真实，不虚假。又可引申为信任，相信。亦为信息传递，书信，信牌。(参见《新华大字典》，商务印书馆2006年1月版，第1392页。）

冯友兰先生说过：“诚与信有密切的关系。我们常说诚信。信与诚都有实的性质，我们说实信，又说诚实。所谓实者，即是没有虚假，即是无妄。弱对于信与诚作分别，说信则注重不欺人，说诚则注重不自欺。不欺都是实，所以信曰信实，诚曰诚实。”（《新世训》，第124—125页。）

孔子用古代牛车、马车的关键喻人诚信之重要。“以言非信则百事不满也。……君臣不信，则百信诽谤，社稷不宁处。官不信，则少不畏长，贵贱相亲。赏罚不信，则民易犯法，不可使令。交友不信，则离散郁怨，不能相亲。百工不信，则器械苦伪，丹漆染色不真。”“言人而无信，其余终无可也。……车无此二者不可行，人无信则语言无实，何处行得？处家则不可行于家，处乡党则不可行于乡党，言不忠信，虽州里行乎哉。……人之所以为人全在信，偌无真心实意，面目虽存，精神已断。……千虚不博一实，言一有不实，后虽有诚实之言，亦无人信。”（陈树德：《论语集释》版，中华书局2008年2月版，第126—127页。）

司马光在《资治通鉴》中说：“夫信者，人君之大宝也。国保于民，民保于信，非信无以使民，非民无以守国。”（引自安德义《论语解读》，中华书局2007年7月版，第9页。）民无信不立，国无信不兴。去兵，去食，不可去信矣。买卖之人必以诚信为基础，经营方能获利矣。诚信即是仁德，即是与朋友之友爱，仁者爱人，不能坑人，更不能害人。

子张问行。子曰：“言忠信，行笃敬，虽蛮貊之邦行矣。言不忠信，行不笃敬，虽州里之邦行乎哉？立，则见其参于前，在舆，则见其倚于衡也，夫然后行。子张书诸绅。”（《论语·卫灵公》，第168页。）

子张，孔子学生，问怎样才能行使自己的主张？孔子告诫说：说话要诚实，做事要严谨，待人要忠厚，即使到了少数民族偏远地方，也能行得通。但如果说话不诚实，虚伪欺瞒，做事不认真，马虎骗人，即使在本乡之地，也是行不通的。如果在站立之时，就似乎看见‘忠信笃敬’几个字在眼前；坐在车上也好像看见这几个字出现在车的前面横木上，只有牢记‘忠信笃敬’几个字，才能使自己的主张处处行得通。子张把孔子说的这些话写在自己的衣带上，随时可见也。

人离不开社会，离不开人群，所以，人都具有社会性。每个人生活在一定的社会群体里，和周围人群以不同的方式交往，以获得自己的一些需求，同时，也给他人带去利好。人在和他人交往过程中，有的人能和大家和谐相处，办事以诚相待，朋友信之，老少无欺，互相帮助。有的商人却见义思利，见钱眼开，不讲诚信，且花言巧语，坑、蒙、拐、骗。故而，经商者做事先做人，做人须真诚也，做事应谨信也。经商做生意靠朋友支持、关照，有位商界精英说得好：多个朋友多条路，没有朋友无出路！前提是一个“信”字，它体现一个人的人格价值，也是人与人之间关系的标准。言+成=诚，说过的话实现了，就是诚，就是信，有诚才有信。无诚必无信，无信必无友，无友必无利，无利必无益。巧言令色者必无朋，奸佞之人必自毙也。

孔子曰：“益者三友，损者三友。友直、友谅、友多闻，益矣。友便辟，友善柔，友便佞，损矣。”（《论语·季氏》，第182页。）孔子告诫人们：有益的朋友有三种，不好的有害的朋友也有三种。要与正直的人、与诚实的人、与见多识广、知识渊博的人交朋友，是有益处的；如果与虚伪的、谄媚的、巧言佞语的交朋友，是有害的。经商之人，做买卖，与朋友交，做到“直与诚”，切勿“便辟、便佞、善柔”。

英国经济学家——亚当·斯密

18世纪英国经济学家亚当·斯密在《道德情操论》中指出：“一个正直的人，一个不屑占别人便宜或给别人占便宜的人，一个甚至认为给别人占便宜比占别人便宜较不可耻的人，在所有私人交易中，是一个最受敬爱与最受尊敬的人。”(《道德情操论》,2008年8月版,第186页。)

即是说一个人不要只想着去占别人便宜,或让别人占己之便宜,这样的商人是会受到大家尊敬的。比尔·盖茨说:“因为说话一定要诚实,所以一个好的领导者不能随意滥用奖赏和表扬,我会特别小心地对待我对员工所承诺的事情。……诚实的基础是信用,而糟蹋自己的信用无异于在拿自己的人格作典当。”(高红敏著:《比尔·盖茨给青年的9个忠告》,台北海鸽文化图书出版有限公司2005年10月版,第79页。)

美国微软公司坚持以市场为导向,以诚信为根本。盖茨认为:“即使一个人一时不能获得成功,但必须诚实,宁可失去全部财产也要挽回个人尊严,因为人格本身就是财富的源泉。……一个人如果学会了如何获得他人信任的方法,真要比获得千万财富更足以自豪”。做人为何一定要诚实?盖茨认为,诚实会使我们内心坦然;而说谎、虚假、欺瞒,则会折磨你的良心,让你的心境处在一种灰暗、忐忑不安、时时紧张的状态中。这样的自我折磨正是不诚实的必然结果。

古波斯诗人萨迪说:“讲假话犹如用刀伤人,尽管伤口可以愈合,但伤疤永远不会消失。宁可因为真话负罪,不可靠假话开脱。”

企业经营者应像大地一样,诚信厚重,承载万物。“坤厚载物,合德无疆;含弘光大,品物咸亨。”(黄寿其、张善文译注:《易经》,上海古籍出版社2008年3月版,第17页。)意思是说,做人要有含育万物之弘量,光华万物之气魄,动植万物各随其性发育之生长,必会有品物咸亨,财富满盈,广博无垠,长久无疆。也就是说,一个诚实的商人,一定要具有高尚的道德,这种人做事认真、正直、坦诚。企业家这种品格是企业成功的生命力。专靠弄虚作假、欺诈做生意的人,骗得了一时,骗不了长久,早晚要暴露的,到头来吃亏的是他自己。

案例:浙江省东阳市年仅28岁的吴英因犯“集资诈骗罪”,于2009年12月18日下午在金华市中级法院被判死刑,小小的年纪,几乎走完人生短暂的旅途。(目前吴继续上诉待判)

因此，做人一定要诚实，经商更要诚信。比尔·盖茨认为："诚实是一种美德，人们从来未能找到令人满意的词来代替它，诚实比人的其他品格更能深刻地表达人道内心，它是成功环节中最坚实的一环。"(《比尔·盖茨给青年的9个忠告》，第83页。)

杨乐先生在《西点军校给青年的16个忠告》一书中，讲述该校的"服务准则——忠诚胜于能力。西点军校的校训是：责任、荣誉、国家。……一个人不管他智慧多么超群，也无论他的能力如何，没有忠诚的道德品格，都无法为一个团队和一个国家贡献他的力量……忠诚不仅是一个人道德水准的展现，同时也是个人魅力的展现。"

综上所述，企业家在激烈的市场竞争过程中，必须具有良好的商业道德，行正道求财求富。确保产品质量，千万不要坑害消费者，时时、事事坚持坦荡做人，诚信做人，每一个公司的老板都喜欢忠心耿耿的员工，每一个人都喜欢做事诚实可靠的朋友。诚信可以为自己赢得信任和尊重。

踏实做事，诚信做人，是一个人最为高贵的品质。对领导要忠诚，对朋友要忠实，对下级亦要诚信，是每一个人成功的关键。企业经营者不仅对顾客要讲诚信，对员工也要讲诚信。诚信是人与人之间互相的承诺，不能只要求员工对公司忠诚，老板对员工不讲诚信，只要求员工为企业作贡献，加班加点，而在发放员工工资福利时，却斤斤计较，甚至克扣员工应得之薪酬，这样做定会失去人心的。

所以，企业经营者应牢记孔子之教诲："先行其言而后从之。"(《论语·为政》，第15页。)孔子之意是说：把自己承诺的事情先兑现，而后再说出来，不要光承诺不兑现。"所以，为了团队的利益……要保持最崇高的忠诚。"

徽商胡雪岩有一个特点，开始注重一个"舍"字。但是这个"舍"字，是有目的、有原则的，即"舍小利求大利"。先舍之，后取之，从而赢得了别人不能得到的利益。这就是古人所云：欲取之，必先与之。只要坚持稳步经营，诚信经营，立足长远，定能求得财富。富裕之后做到"贫而无谄，富而无骄"。

4.2 得道与失道

有一次，子张问仁于孔子。孔子曰："能行五者于天下，为仁矣。"

"请问之。"曰："恭、宽、信、敏、惠。恭则得众，信则人任焉，敏则有功，惠则足以使人。"（《论语·阳货》，第190页。）

子张问孔子仁为何意？孔子回答说：能够在普天之下实行五种品德的人，就可以称之为仁了。

子张接着问哪五种品行？孔子解释说：要恭敬庄重，要宽厚待人，办事要诚信，做事要勤快，思想要敏捷，对百姓要仁慈实惠。只要做到庄重，就不会受到责难和侮辱，待人宽厚，就会得到大家的拥护，办事诚实，就会受到大家的信任，做事勤快敏捷，就容易取得成功，惠及百姓，就会受到民众的爱戴，就会"居其所而众星拱之"。

企业家能够做到上述"五者于天下"，定能"得道多助"也。

孔子曰："无欲速，无见小利。欲速则不达，见小利，而大事不成。"（《论语·子路》，山西古籍出版社2001年6月版，第143页。）孔子之意，是告诫人们做事不能只求快，也不能只贪图蝇头小利。欲速则不达；贪图小利者，不讲诚信者，失道也，寡助也，大事不成也。

孟子曰："天时不如地利，地利不如人和。得道者多助，失道者寡助。寡助之至，亲戚畔之；多助之至，天下顺之。"（《孟子译注·公孙丑·章句下》，第86页。）

经商成功之道，有三要素：即天时、地利、人和。三要素中最重要的应是"人和"。如何实现"人和"？如前文所述，必须做到诚信无欺，才会有"人和"。即便有好的天时和地利，没有"人和"，生意也很难做成功。中国有位企业家曾经说过：做生意第一靠人脉，第二靠人脉，第三还是靠人脉。"朋友信之"，就是人脉。只要有人脉，就会有"人和"。有位朋友曾经说过："多个朋友多条路，没有朋友无出路！"经商之人应做到朋友遍天下。

案例：某公司一名销售业务经理，因其多年和用户交往，坚持做人讲究诚信，因而深得用户之好评，人脉关系顺畅。有一次参加某省政府项目采购招标,七位招标评委,有六人为其所在公司说话,肯定该同志及其公司讲信誉,使其竞争获得成功,拿到近千万元的一笔大合同。这个案例充分说明:诚信者得道也,“得道者多助也”。朋友多也,人脉畅矣;人脉畅也,生意旺矣。

4.3 利己与利众

孔子曰:“放于利而行,多怨。”(陈昌明译注:《论语·里仁·第四》,山西古籍出版社2001年6月,第36页)李泽厚先生说:“只依据利益来行事,会招致很多的怨恨。《朱注》:程子曰:“欲利于己,必害于人,故多怨。”(李泽厚:《论语今读》,第117—118页。)

孟子曰:“上下交征利而国危矣。……苟为后义而先利,不夺不餍。”(读yàn,满足之意。)(杨伯俊:《孟子译注·梁惠王·章句上》,1页,中华书局。)意思是说,一个人做事情只从利己出发,不顾及别人的利益,一定会招致众人的怨恨和反对。官索民之利,民贿官得利,上下明争暗夺,均利己矣。这种不讲仁义道德,官民为夺己私利的恶劣行径,势必危及国家和百姓,形成广大民贫矣,国弱矣。

亚圣——孟子

关于“利”的问题，前文已作些论述，此再作点补充。西方英国学者约翰·斯图亚特·穆勒在《功利主义》书中说“功利主义的标准不是指行为者自身的最大幸福，而是指最多数人的最大幸福。如果说一个高尚的人因其高尚而永远比他人感到更为幸福这种观点姑且值得怀疑的话，那么他的高尚使他人感到更加幸福、是广泛意义上的世界成为巨大的受益者则是不容置疑的事实”。（约翰·斯图亚特·穆勒：《功利主义》，九州出版社2007年1月版，第29页。）

西方学者不反对功利，提倡功利，前提是广泛意义上的功利，使最大多数人得到利益和幸福，有时为了民众、为了国家的利益而牺牲个人的利益甚至于自己的生命，也在所不惜。他们反对自私自利的“功利主义”，为己害他，不顾大众之幸福，这种人西方世界有之，东方世界亦有之；政界有之，商界亦有之。

求名求利人之所欲，但须用道德行为来衡量。利己的同时要利他人，不能损他利己，更不能害他利己，害他利己者终将害己也。例如，杀人窃物者

约翰·斯图亚特·穆勒

虽利己但违法也，势必受法律制裁，此种人虽以利己害人开始，却以害己告终。孔子所言极是：放利而行者多怨矣！

当今的市场经济，从某种意义上讲即是竞争经济。首先竞争各方都希望取胜，都想拿到订单。商家获得成功的因素很多。其中最主要的是提供商品的使用价值和服务，能最大限度地满足顾客的要求，也就是说企业的产品质量要优于其他企业的同类产品，商品的使用价值即商品的品质要出众，这是竞争取胜的根本保证。

其次，商家的服务尤其是售后服务质量也非常重要，这是赢得用户信任的重要条件，说到的一定要做到，对顾客不能“巧言令色”。这些应是企业经营者之最起码的商业道德。也就是做生意要赢利，但必须先利顾客，以顾客满意作为公司最大的经营目标，根据用户要求提供用户满意的货物，而后才能获得利益。

当今有些企业职业道德缺乏，恶意竞争的现象实在令人担忧：商业贿赂成风，权钱交易，官商勾结，败坏人之道德，腐蚀人的灵魂，此乃商业犯罪，已超越道德底线；有的商家剽窃别人之技术，侵犯他人之知识产权，仿造别人产品之外形；更有甚者，有的厂家为了牟利，竟敢在关乎人们生命的食品中添加有毒物质，致人死亡，招致犯罪入狱，多人被判徒刑，重者获极刑，这些为人父母者或为人子女者坐牢，他们的父母、子女们的精神势必受到极大影响，亲人蒙羞，无颜见邻里乡亲。

正如涩泽先生指出的：“恶意的竞争，即缺乏道德的行为，既损人害己，同时又败坏了国家的信誉，大家虽然想努力提高工商业者的地位，但其结果却正相反。”“要而言之，不管干什么，都应努力深入到自己所从事的商业事业中，以求上进，小心谨慎，坚决往前发展，同时牢记不要进行坏的竞争。”（《论语与算盘》，江西人民出版社2007年1月版，第118—119页。）企业经营者应记取先贤之教诲，勿搞恶意竞争，小心谨慎，先利他人再利自己，以此求财求富之道，所得之财富“可处矣”，即可享受焉。

原国美总裁黄光裕一度系中国内地首富，2006年10月22日还担任多哈

亚运火炬传递手，何等风光！时隔不久，2008年11月17日深夜，黄光裕和国美公司财务总监被北京警方带走。紧接着，国家公安部、商务部与黄光裕案件有牵连的两名部级官员相继被“双规”。这个曾经在澳门赌场输掉80亿元钱又耍赖的暴发户，竟遭到澳门方面的举报。因其财富不是以正道取得的，故而如浮云。

正如西方学者穆勒所说：“为了眼前利益而违背具有如此超然利益的准则绝不是有益的行为。”(《功利主义》，第55页。)黄光裕之流的行为绝不是有益的行为，他目无国法，为己之私利不惜采取走私、欺诈、蒙骗、造假等手段，骗得财富。早在20世纪90年代中期，黄光裕因走私和偷税被公安部门关了半年，出狱后不接受教训，继续为非作歹，骗货、洗黑钱。他依靠公安部部长助理郑少秋、公安部经侦局副局长向怀珠等官员做保护伞，买通宣传渠道，就在黄光裕2008年11月27日被公安部门带走之后，一天之内，策动了9万多条网民帖子，攻击公安部门和政府，气焰之嚣张，是可忍孰不可忍。

英国学者约翰·斯图亚特·穆勒在《功利主义》书中说：“首先，本文有必要澄清一种无知的错误认识，即认为那些奉‘功利’为是非标准的人对‘功利'一词的理解和使用是狭隘的、庸俗的,将'功利'与'快乐'对立起来了。……接受功利原理(或最大幸福原理)为道德之根本,就需要坚持旨在促进幸福的行为即为'是',与幸福背道而驰的行为即为'非'这一信条,幸福,意味预期中的快乐,意味着痛苦的远离;不幸福,则代表了痛苦,代表了快乐的缺失。"(《功利主义》,九州出版社2007年1月版,第15、17页。)

西方人谓之"功利",东方人可谓之"富贵",其目的都是使人快乐与幸福。孔子言之"富与贵,人之所欲也,贫与贱,人之所恶也",只有富裕了,才能远离贫穷与痛苦,才能生活幸福,亦才能实现圣人"老者安之,朋友信之,少者怀之"的美好愿景!穆勒说:"追求快乐、摆脱痛苦是人唯一渴望达到的目的;而那些抨击者自己,玷污了人的本性;他们认为人是不可能享受快乐,除非享受猪享受的快乐。"(《功利主义》,第19页。)这也是对宋儒的"去人欲"之批判焉。求快乐和幸福乃人之所欲,而实现快乐和幸福则须积极努力奋争焉。

北京大学教授王海明先生在《人性论》一书中,分析人性善恶有16种伦理行为道德价值,把16种人性或伦理道德行为,"按其对于道德目的、道德终极目标归结为四类:

第一类人性,是纯粹的利他和利己的行为,包括完全利他、完全利己。……

第二类人性,是纯粹的害他和害己的行为,包括目的害他四种行为。……

第三类人性,是己、他内部利害混合行为,包括害己以利己与害他以利他2种。……

目的 类型 手段	利己	利他	害己	害他
利己	1 完全利己	5 为他利己	9 利己以害己	13 利己以害他
利他	2 为己利他	6 完全利他	10 利他以害己	14 利他以害他
害己	3 害己利己	7 自我牺牲	11 完全害己	15 害己以害他
害他	4 损人利己	8 害他以利他	12 害人以害己	16 完全害他

第四类人性，是己、他外部利害混合行为，包括自我牺牲与损人利己两种。(王海明著：《人性论》，商务印书馆2005年6月版，第347、348、349页。)王海明教授对人性及功利之论述，比西方学者穆勒对功利之分析更详细，更具体。利己而又利他之高尚行为，与孔子"己欲立而立人"之仁爱观念颇为相似或一致。

企业老板们求财致富，首要的是走正道，即仁义之道，利己更要利众，树立良好的商业道德，同时，要如切如磋地修炼自身，如琢如磨地抓好产品质量，满足顾客之需求，这应是企业追求的最大目标。

4.4 切骨之疾 磨玷之污

子贡曰："诗云：'如切如磋，如琢如磨。'其斯之谓与？"子曰："赐也，始可与言《诗》已矣，告诸往而知来者。"(陈昌明译著：《论语·学而》，第8页。)子贡之意是说：君子的修养要像加工骨器一样，切了还要磋；玉器加工，琢了还要磨。对子贡之言，孔子给予很高的评价，可以谈《诗》了。子贡之聪敏，对事物领悟之快矣。

"治骨曰切，象曰磋，玉曰琢，石曰磨。如切如磋，道学也。如琢如磨，自修也。切磋者必判其分理之细，道学似之。琢磨者必去其瑕玷之微，自修似之也……切磋琢磨以成宝器。……治之以精而益求其精也。……子贡举诗之意，非专以此为……不可安于小成而不自勉也。贫而乐，富尔好礼之功夫。"(陈树德：《论语集释》，中华书局2008年2月版，第56—57页。)此原意是指君子的道德修养要十分认真，要像加工骨器玉器那样，仔细切磋琢磨，常常反省自己，有缺点应及时克服并改正。

企业制定发展战略和产品研发，亦应像君子修养那样，切磋琢磨，切不可盲目求大，自不量力。郎咸平教授考察联想集团发展过程之后说：2004年12月8日，联想集团以总价12.5亿美元收购IBM的全球PC业务。联想集团IBMPC原来在欧美市场的布局，并依靠IBM现有市场份额从全球第八大PC制造商跃居全球第三大PC制造商。联想表示，企业成立20年来，联想经过无数此坎坷，目标始终是要成为一个具有国际规模的长久企业，而这次和

IBM的合作是一个突破性契机。然而，作为全球第三大计算机供应商的IBM,为何要出售它的IBM业务？联想集团的领袖们当时是否谨慎而又认真研究过呢？经过几年的考量,到了2009年1月6日,联想集团多位高管因扛不住巨大亏损的压力而纷纷辞职,老帅柳传志不得不亲自出马,力挽困局。

郎咸平教授认真分析说:“联想在困境下押宝！2008年柳传志说要搞服务器,到现在也没有见到什么起色,2009年又押宝中小企业,押宝超级计算机,押宝服务器,押宝1500家体验店,押宝时尚电脑,押宝上网本。任谁都会发现,这家企业的战略怎么这么混乱啊！”(郎咸平:《谁在谋杀中国经济》,第11、20页,东方出版社。)

联想是我国相当有名的大企业,其发展之坎坷,暴露出国人决策者们的浮躁心态,缺乏“谨而信”之沉稳思维,导致战略目标的失误。所以,现代之企业家要认真学习《论语》,谨记孔子及其门人之教诲,对企业发展之重大战略问题一定要“如切如磋,如琢如磨”,避免失误和损失。从公司产品技术设计开始,到产品出厂之前中间每一过程,均应严格控制每道程序,不能混乱。要大力倡导产品设计应精美,制造工艺应精细,顾客使用应方便,产品外观要靓丽。公司生产每件产品,都马虎不得,要严格执行相关国际标准,控制好技术设计关、原材料采购关、生产过程每道工序质量关、出厂检验关,出厂后及时跟踪服务。

确保商品质量,让用户使用放心,才能赢得顾客和市场的满意和认同,也是企业之树长青的根本保证。这应是竞争取胜的前提,是商业道德的核心。那种贪图一时之利,产品造假,以次充好,以假乱真,骗得的钱财,见利忘义,乃“小人”也。尽管此种唯利是图之“小人”,花言巧语,只能蒙骗一时,不能欺人一世。

孔子曰:“视其所以,观其所由,察其所安。人焉叟哉？人焉叟哉？”(《论语·为政·第二》,山西古籍出版社2001年6月,第14页。)孔子意思是说观察一个人的原则。“视其所以”,看他行为目的是什么,是君子还是小人？“观其所由”,了解他的行为动机,是否符合法理和规范？进一步可知其动机之根源。“察其所安”，意思是说看看此人平常所作所为，是否安于做人之道？孔子从三个方面观察人，就知道此人之道德行为，隐瞒是瞒不住的，故“人焉叟哉？人焉叟哉？”

涩泽先生指出：“企业经营者要常牢记，这个工作是国家所需要的，并常想着要合理地进行，这样，即使这事业微不足道，对自己的利益又不大，但如果是国家所需要的事业而能合理经营的话，心理也会常乐于从事的。所以，我把《论语》作商业上的经典，尽量使所作所为一步也不超越孔子之道。”（涩泽荣一：《论语与算盘》，江西人民出版社2007年1月版，第121页。）涩泽先生的教诲，要我们遵循《论语》之经典，诚信经营，贫无谄，富无骄。

本章小结：本章论述经商求富之道，企业家必须做到诚信无欺，得道多助，注重人脉，重义轻利；谨慎经营，多利顾客，富而无骄。

五、贫无谄　富无骄

5.1　贫无谄

子贡曰："贫而无谄，富而无骄，何如？"子曰："可也。未若贫而乐，富而好礼者也。"(《论语·学而》，山西古籍出版社2001年6月版，第8页。)谄(chǎn)，巴结、奉承，拍马屁，谄媚，卑屈，讨好上司权贵或富豪。子贡问道：人虽然贫穷，却不奉承巴结权贵；虽然富有，却不骄傲自大，这样做如何？孔子回答说：做到这样就很好了，但是比不上虽贫穷却乐于道德自我完善的人，富有却又遵从礼义的人。

陈树德先生在《论语集释》书中说："坊记：子云：贫而好乐，富而好礼，众而以宁者，天下其几矣。……吕氏春秋慎大览：古之得道者，穷亦乐，达亦乐。……乐，谓志于道不以贫为忧苦。——黄疏引范宁云：不以正道求富之人为谄。(陈树德：《论语集释》，第54—55页，中华书局。)

贫穷者大都有一定的原因：或因天灾而贫困，或因疾病久治不愈而家境贫困，或因违规经营下大狱，导致企业破产而造成贫困；懒惰者，游手好闲者，奸猾刁钻之徒大都贫穷。防贫的根本途径是勤劳。古语云：一年之计在于春，一生之计在于勤。老农百姓常说：勤快勤快，有饭有菜；懒惰懒惰，挨冻挨饿。勤劳者不畏惧，不因贫穷而丧志；"知者不惑"，在组织和众人的支持、帮助下，一定能战胜贫穷，求得财富。一个企业即使遇到困难，只要老板带领员工，团结拼搏，坚持正道经营，也一定能够克服困难，摆脱贫穷，获得财富。富裕之后，切勿骄狂。

5.2　富无骄

骄，矜肆也，为形声字，马为形，乔为声。骄的本意指六尺高的马。亦指野马。引申泛指马高大健壮的样子，又引申为马不受控制、骄逸，再引申为猛烈。还转指人的傲慢，自高自大，目中无人；对己放纵。

孔子强调要做到“富而好礼”，意思是说，富裕后要尊崇礼义，不能骄傲自大。“无谄无骄，则之自守矣。而未能超乎贫富之外也。……乐则心广体胖而忘其贫，好礼则安处善乐循礼，亦不自之其富，而赏用力于自守者，故以此为问。……乐之至，则不知己之贫，礼之恭，则不之已之富，此忘之时也。贫毋逸乐，富则不劳，富必备礼，贫则从简，素位而行，随分自尽，此不忘之也。……安处善，乐循礼，然后谓之君子。——贫而好乐，富而好礼，众而以宁者，天下其几矣。”(陈树德:《论语集释》，第55—56页。)

孔子曰:“贫而无怨难，富而无骄易。”(《论语·宪问》，山西古籍出版社2001年6月版，第152页。)孔子说:一个人在贫穷之中没有怨恨是很难做到的；在富贵情况下，不骄傲，这容易做到。陈树德先生说:“贫者多怨，富者善骄，古今有之。然颜回箪食瓢饮，居陋巷，无怨，不可及也；子贡货殖屡中，无骄。”“处贫难，处富易，人之常情。然人当勉其难，而不可忽其易也。”(陈树德:《论语集释》，第967页。)

企业家要有自己的人格，逆境无谄，富裕无骄，富而好礼，勿放纵，勿轻狂。法国的孟德斯鸠说过:“谦虚是成功者不可缺少的品德。”比尔·盖茨也曾说过:“谦虚是一种美德，它可以使一个人具有特殊的魅力。”(《比尔·盖茨给青年的9个忠告》，台湾海鸽文化图书出版有限公司2005年9月版，第64页。)

谦虚得朋，“君子周而不比，小人比而不周。”周:合群，用道德团结人。比:勾结，结党营私。孔子之意是说:君子不会骄傲，能团结大众；小人互相勾结，拉帮结派，处处谋己之利。所以，一个态度谦和的企业家，他的人脉一定兴旺，周围宾朋满堂，谋士成群，招之则来，来之能胜，这样的事例古今不胜枚举。

谦和的企业家要正确认识财富的来源，即使你是投资人，你在创业期经历千辛万苦的付出和后来的积累，但你如果把积累的财富视为你自己所有,那就大错特错了。因为所积累起来的财富,是依靠国家支持,依靠员工辛勤的劳动而创造出来的。如果只是企业家一个人,没有政府的支持,没有员工形成的团队集体奋斗,再能干的企业家也是不可能创造出丰厚财富的。有了财富不张扬,不炫耀,不盛气凌人,不目空一切。做了好事不图名誉,不图回报。这样的企业家一定会赢得社会的赞誉和人们的尊重。

谦虚的企业家在周围同事中,能保持一种人际关系的平衡,同仁们不会感到卑下和失落,尽力让他们的人格受到尊重,即使同仁是贫者,让他们在富有的老板面前感到人格均是平等的。做到这一点,就是以德治企,就会“譬如北辰居其所而众星拱之”。(《论语·为政》,第10页。)

5.3 自省与慎行

曾子曰:“吾日三省吾身:为人谋而不忠乎?与朋友交而不信乎?传不习乎?”(《论语·学而》,第3页。)

曾子

曾子：名参(shēn)，字子舆，孔子的学生，孔子的孙子子思的老师。意思是说，我每天都要多次反省，自我检讨，为朋友办事尽力而为了吗?朋友所托之事可能办得顺利，朋友满意，可能不顺利，或办不成，朋友怨言，此时，应做到"人不知而不愠"，自己不恼怒，不责怪他人，"不患人之不己知，患不知人也"。(《论语·学而》，第19页。)意思是说，不要埋怨别人不了解你，甚至于误解你，要多想想自己是否理解别人。要从内心自省自检，以坦诚之心对待朋友。对自己要像天天洗脸一样，多做自我批评，责己严，责人宽，多听逆耳之言。

孔子曰："见贤思齐，见不贤而内自省也。"(《论语·里仁》，第37页。)齐：平等。孔子教育弟子们，看见贤达之人就要向他学习和看齐；看到不贤之徒，自己应当从内心反省检查一下，看是否有和他同样的缺点和错误。

还有一点企业家要十分注意的，处理好顺利与失败之关系。在失败之时，勿心灰意冷。即使在事业取得成功之时，得意切莫忘形，时时警惕并告诫自己。

涩泽先生说："大凡人的灾祸多萌生于得意时期。因为得意时谁都有得意忘形的倾向，所以祸害也就趁机而入。"他告诫人们："人生在世要注意并经常记住这一点，即得意时不松气，失意时不气馁，保持常操，按道理行事。"(《论语与算盘》，第19页。)古人言：成名者大多在穷苦之日，败事者多在得意之时。得意是失败的先兆，失败是得意的必然结果。得意者勿骄矣，骄者必失矣，失者必败矣！

企业家在经营过程中，应走好每一步，事有大小皆不可掉以轻心。凡大事必周密思量、策划，慎之又慎；但对于一些小事情有时马马虎虎，未能认真处理，结果导致细节决定成败。上文提到郎咸平教授分析联想集团坎坷经营之事例，充分说明企业家时时务必遵循"谨而信"，事事做到慎言谨行。

《论语》为政篇：子张学干禄。子曰："多闻阙疑，慎言其余；则寡尤；多闻阙殆，慎言其余，则寡悔。言寡尤，行寡悔，禄在其中矣。"(《论语·为政》，第16页。)

孔子之意是说：思考问题时要多听取别人的意见，把疑惑的问题放在一边，其余的问题也要谨慎小心地说清楚，做到这样，就能减少过失；还要多看别人如何做事，遇有疑惑不明之处放在一边，其余的事情也要小心谨慎地去做,这样就能减少失误和后悔。企业家应谨记圣贤之言,经营中慎言谨行,自省自检,避免寡悔,并要多听逆耳之言。

5.4 巧语与忠言

孔子曰:“巧言、令色、足恭,左丘明耻也,丘亦耻也。匿怨而友齐人,左丘明耻之,丘亦耻之。”(《论语·公冶长》,第50页。)孔子说,有些人甜言蜜语,装作和颜悦色,显得卑谦过分,左丘明认为这是可耻的,我也认为这可耻。这种人内心对别人怀着怨恨、不满,表面却说一些言不由衷的溢美之辞,蜜语甜言,把他所恨之人吹捧得尽善尽美。这种人大都企图不良,居心利己而逢迎拍马,有的甚至于利用金钱、美色投其所好,一旦其目的达到,可能就像被农夫救活的毒蛇,时机成熟一口把农夫咬死。

所以,企业家一定要注意自己身边的人,关系不可太密,谨防“小人”反目为仇,到头来把你置于死地。子夏曰:“小人之过必也文。”(《论语·子张》,第209页。)子夏之意是说:小人会伪装,对自己的过失一定会加以掩饰。故企业家务必不能被巧言令色者所蒙蔽,时时警惕那些心里怀着对老板的怨恨和嫉妒,表面上却装出一副恭顺之貌的小人,暗地里却包藏祸人之心,这种人古今皆有之。

企业家对待自己周围的人和员工,要保持各层面的平衡关系,要努力做到“周而不比”,切勿“比而不周”,亲一伙,疏一帮。要使员工感到老板尊重他的人格,他们就能处处为公司的发展献计献策。

企业家要尊重忠言者,不能一听到逆耳之言就火冒三丈。一些直谏者言辞可能过激,此时老板们一定要静心听下去,“言者无罪,闻者足戒”,“有则改之,无则加勉”。绝不能对提批评意见者打击报复,堵塞言路。古之贤明帝王“兼听则明,偏信则暗”的事例是很多的。满招损,谦受益,实乃千古之名教也矣。古之帝王如此,兵家如此,商家亦如此也。

商纣王暴烈无度,不听忠言,“微子去之,箕子为之奴,比干谏而死。孔子曰:殷有三仁焉”。(《论语·微子》,第200页。)暴君最后焚死于鹿台,殷为周所灭。(微子:名启,商纣王同母兄长。因纣王无道而辞职隐去。箕子:周王的叔父,名胥余。因纣王无道而进谏,暴君不听,假装发疯,被降为奴隶。比干:纣王的叔父。他力谏纣王改恶从善,被纣王剖心而死)。

企业家应从殷王朝灭亡吸取历史教训,亲贤臣,远小人焉。谨记“仁君之至德在乎知人也”。(培根语)企业家既要多听朋友私下之言,因为私下场合言之自由,敞开坦言,说真话;又要倾听会议众言,因与会者发言多谨慎,尤其是修养声望较高者的意见,因他们言之必慎,极具参考价值。

培根说:“人与人之间最大的信任就是进言的信任。因为在别的信托之中,人们不过是把生活的一部分委托于人,如田地、产业、子女、信用等等某项具体事务;但是对于那些自己心目中的言官或诤友,他们是以全部生活相托付的;可见进言者更应当严守信实与坚贞。(刘永升主编:《培根论说文集》,第86页。)

企业家应牢记哲人之教诲,对进逆耳之忠言者要充分信任,绝不要刚愎自用,即使自己再聪敏,总会有偏见之时。培根说:“连上帝也认为忠告和建议是不可缺少的……所罗门曾说过:从谏如流方能长治久安。”

中国400多年前一位从官场退下来的叫洪应明的老人, 编写了一本名为《菜根谭》的书,书中道“耳中常闻逆耳之言,心中常有拂心之事,才是进德修行的砥石。若言言悦耳,事事快心,便把此生埋在鸩毒中矣。”(张春晓注评:《菜根谭》,四川出版集团巴蜀书社2008年版,第8页。)拂心:不如意,不顺心。砥石:即磨刀石。鸩毒:指含有很大毒性的药酒。此语告诫人们要常听逆耳之言,常想不开心之事,时时鞭策自己,警醒自己,少犯或避免过失。

5.5 谦虚有度

孔子曰:“恭而无礼则劳,慎而无礼则葸,勇而无礼则乱,直而无礼则绞。”(《论语·泰伯》,第78页。)

《礼记·仲尼燕居》中说:“子曰:敬而不重礼谓之野,恭而不知礼谓之给,勇而不知礼谓之逆。……葸,畏惧貌。绞,急切也。……勇于行则民亦好勇,故易乱。好直则民不堪,如束绳为绞也。”(陈树德:《论语集释》,第515页。)

谦虚应有度,谦虚非迁就也。经商做买卖,目的是求财富“屡中”,商务谈判过程中,既不能狂言佞语,对买方侃吹,也不能过于谦让,要把握尺度,掌握分寸和主动权,争取谈判成功。同时,对商界同仁要谦虚谨慎,以礼待之,切勿贬低他人,抬高自己。既要多言自己公司之优,又要言他人公司之长,让买方感到你的态度诚恳、谦虚,为合作打下基础;商界同仁感到竞争有礼,减少对立情绪。

企业家对员工亦应做到谦虚有度,把握“中节”。“礼之用,和为贵”,但不能为和而和,对公司少数人违纪之行为,要以礼(制度)节之,方可明辨是非。如一味强调恭谦,不重礼制(纪律,规章制度),一团和气,不敢批评错误,怕得罪奸佞之人,这样的公司肯定是好人受气,巧言令色者占上风,奸佞之人当道矣。

孔子从恭、慎、勇、直四个方面论述君子治人之道,言之发而皆中节也。“劳、葸”则惧,不及也,谦之过度矣;“乱、绞”则刺,过也。此种人往往盛气凌人,趾高气扬,不可一世,语言伤人也。企业家做人的工作艺术,既不能过于恭谦,过于谨慎,良莠不分,是非不明,也不能对员工动辄处罚,好直则民不堪也,怨也,乃小人之骄也。

或曰:“以德报怨,何如?”子曰:“何以报德?以直报怨,以德报德。”(《论语·宪问》,第161页。)

有人问孔子:如果有人用恩德来回报怨恨,如何?孔子曰:如果用恩惠来回报怨恨,拿什么来回报恩德呢?应该用公平正直来回报怨恨,拿恩德回报恩德。

德:恩惠之意。“所以不以德报怨者,若行怨而德报者,则天下皆行怨以要德报之,如此者,是取怨之道也。……以德报怨,亦可谓忠且厚矣……德有大小,皆所当报,而怨则有公私曲直之不同,故圣人之教,使人以直报怨,以德报德。以直云者,不以私害公,不以曲胜直,当报则报,不当则止,是则虽曰报怨,而岂害其为公平忠厚哉?”(陈树德:《论语集释》,第1018页。)

企业家处人处事,应谦虚谨慎,既要胸襟开朗,豁达大度,善于包容,又要分辨是非。对各种抱怨,要分清曲直缘由,属个人合理要求由于得不到满足的抱怨,要主动登门访问,给予解释和答复,化解矛盾;对于胡搅蛮缠刁钻之徒的怨恨,要以公平正直待之,不迁就,以“礼”或“法”节之,运用“二柄”即权与法,对待处理他们。这样,才能在公司里扬正气,纯民风,以利于企业和谐发展。这也是企业家“谦虚有度”的表现。

老子宣扬“报怨以德”,佛家主张“舍身饲虎”,《圣经》强调“爱敌如友”,“右脸被打,送上左脸”等教义,都与孔子的儒学思想相悖,不利于现今社会之正确发展。(参见李泽厚:《论语今读》,第402页。)

5.6 泰而不骄

孔子曰:“君子泰而不骄,小人骄而不泰。”(《论语·子路》,第147页。)

泰,为形声字,由表示双手的収(读gōng)和水为形,大为声。现代汉语中,泰的本义为滑溜,后又引申为平安、安宁,有大、极、过甚的意思。另外泰也指骄纵、骄奢义。(参见《新华大字典》,第1216页。)

陈树德先生在《论语集释》中引《论语补疏》:“泰者,通也。君子所知所能,放而达之于世,故云纵泰。似骄,然实非骄也。小人所知所能,匿而不露。似乎不骄,不知其拘忌正其骄矜也。”(《论语集释》,第939页。)

企业家应做到自纵泰,望之俨然而似骄非骄,即之也温。胸怀坦荡,态度谦和而不骄矜。即使财富屡中,家产万贯,亦能爱众亲民,近者悦,远者来。像子路那样,愿车马衣轻裘,与朋友共,敝而无憾。

小人之骄则相反,装模作样,内心骄而表面似泰而非泰,表面谦虚而暗里刁钻,处处显得虚伪,令人厌恶之极。

《周易》泰卦“象”曰:“天地交,泰。以后财成天地之道,相辅天地之宜,以左右民。”(佚名原著,王笑平编著:《周易》,蓝天出版社2007年版,第73页)此天地之宜,可理解为企业家和众人之宜,心意相连,情谊相通,企业家泰诺,民则辅之。

有一天,子贡问友。子曰:“忠告而善道之,不可则止,勿自辱焉。”(《论语·颜渊》,第135页。)

5.7 切切偲偲

子路问曰:“何如斯可谓之士矣?”子曰:“切切偲偲,怡怡如也,可谓士矣。朋友切切偲偲，兄弟怡怡。”(陈昌明译注:《论语·子路》,,山西古籍出版社2001年6月版，第148页。)

“切切偲偲，相切责之貌。怡怡，和顺之貌……切切，劝进貌。怡怡，谦顺貌……以为朋友不为切磋，亦贵和谐。”(陈树德:《论语集释》,第954页。)孔子之言，皆子路之不足，告之如何做士，处理好兄弟、朋友之间的关系。

孝顺是人性亲情最朴实的展现，是人异于动物的最大区别。有人问孔子曰:“子奚不为政?”子曰:“《书》云:‘孝乎为孝，友于兄弟，施于有政。’是亦为政，奚其为政?”可能有人问孔子为什么不去做官，孔子引用《书经》所云:一个人能孝顺父母，又能友爱兄弟姊妹，并且推及邻里乡党，惠及社会，这应是从政了。从政不一定要去做官，只要能够做到孝敬父母，友爱兄弟，切切偲偲，亲情为大，家庭和睦，促进社会安定了，天下也就会好治理了。

兄弟姊妹之间会产生一些矛盾和利益纷争，此时要以亲情为重，切勿自残手足之情。企业家一方面要尽心照顾好自己的兄弟手足生活，带动兄弟姐妹们勤劳致富，同时也要教育他们遵守社会道德，勿做悖逆之事。

所以，今之企业家发财致富了，无忘兄弟怡怡，朋友偲偲，员工亲亲，故旧不遗，奉献社会、回报国家。且应严于律己，戒骄满，戒自傲，戒奢侈，崇节俭。

本章小结:本章论述贫而无谄，富而无骄。企业家要多听逆耳之忠言，多省自身;说话不过亦不及，十分注意亲朋友人之关系;切记古人所云“满招损，谦受益”之教诲，做到“泰而不骄”，始终保持节俭之良好品德。

勤勇毅忠 守正厚德 信义仁智

六、俭与奢

6.1 奢不逊 俭则固

孔子曰："奢则不孙，俭则固，与其不孙也，宁固。"(《论语·述而》，第77页。)孙：通"逊"。固：固陋。

俭：是形声字，亻为形，佥为声。俭的本义是指在思想行为等方面对自己加以约束，特指生活朴素，不浪费。如省吃俭用。(参见《新华大字典》，第570页。)

奢：是形声字，大为形，者为声。奢的本义为张大。引申为奢靡、放纵、毫不约束自己，也指花费大量的钱财去追求享受。还引申为某一方面的过分举动，又引申为夸张。(参见《新华大字典》，第1119页。)

孔子意思是说：生活奢侈的人常常表现骄傲自大，不谦虚，往往放纵自己，忘乎所以，放荡不羁。生活节俭的人箪食瓢饮，居住简陋，不奢华。孔子教导人们与其骄傲放纵，不如简朴谦逊，做到俭则固。

有个人叫林放，字子丘，鲁国人，或曰孔子学生。有一天，林放问孔子礼之本。孔子曰："大哉问！礼，与其奢也，宁俭；丧，与其易也，宁戚。"(《论语·八佾》，第21页。)孔子说你问的问题很大，很重要。一般礼仪，不要过分铺张、过分奢俭，要节省俭约。陈树德先生说："本之说有二，其一曰仁义礼智根于心，则性者礼之本也。故曰中者，天下之大本。其一曰礼本，礼之初也。凡物有本末，初为本，终为末，二说不同。"(陈树德：《论语集释》，第143页。)

"俭者心之质，戚者心之诚，则便以俭戚为本。……所以谓奢俭皆不中礼者，以天下之大本言也。……黄氏后案：礼器曰：忠信礼之本也。义礼，礼之文也。无本不立，无文不行。礼中有本也。"(陈树德：《论语集释》，第144—

145页。)

孔子曰:“麻冕,礼也;今也纯,俭,吾从众。拜下,礼也;今拜乎上,泰也。虽违众,吾从下。”(《论语·子罕》,第87页。)麻冕:礼帽,做工精细,价格昂贵。纯:黑色的丝。孔子认为:礼帽用麻织,虽符合传统礼节,但比较贵,现在大家都改用丝线编织礼帽,比用麻更俭省,我同意大家的做法。……可见孔子不反对礼,但反对礼节铺张,提倡节俭。

孔子尊重尧、舜、禹先王之功德。孔子说:“禹,吾无间然矣。非饮食而致孝乎鬼神,恶衣服而致美乎黼冕,卑宫室而尽力乎沟洫。禹,吾无间然矣。”(《论语·泰伯》,第86页。)孔子说:禹对自己要求非常高,我对他没有可批评的地方。祭品丰盛而自己的饮食却很差,祭服很华丽,而自己的衣服很差,禹居住的房子很简陋,却尽力带领百姓治水患,修沟渠。这样的君王是没有可指责的了。

冯友兰先生说:“一般人说到勤俭,大概都是就一个人的生活的经济方面说。《大学》:‘生财有大道。生之者众,食之者寡,为之者疾,用之者舒,则财恒足矣。……勤能补拙,俭以养廉。这两句话中,所谓俭虽亦可说是就人的生活的经济方面说,但此说‘俭’注重在‘养廉’,所以‘俭以养廉’这句话所注重者,是人的生活道德方面。”(冯友兰:《新世训·励勤俭》,第112页。)

6.2 俭养心 奢不足

孔子曰:“以约失之者鲜矣。”(陈昌明译注:《论语·里仁》,第39页。)孔子是说,因为节约,不铺张办事的人,犯过失的很少。陈树德先生在《论语集释》书中引证说:“【考证】表记:子曰:夫恭近礼,俭近仁,信近于情,敬让以行此,虽有过其不甚矣。夫恭寡过,情可信,俭易容也。以此失之者,不以鲜乎?”又引“赵佑温故录:……节当位,受以孚。君子受以盈谦,与时消息,于谦得六爻之吉,于丰廑(读jǐn,本义指小屋。)日中之忧。天道人事,未有不始于约终于约者。约而为泰则无恒,泰而能约故可久。《曲礼》曰:傲不可长,欲不可从,志不可满,乐不可极。皆言约之道也。”又引说:“【集解】孔曰:俱不得中也。奢则骄溢招祸,俭约无忧患。”(陈树德:《论语集释》,第277—278

页。)古人之言,勿奢侈,奢必骄,骄必满,满必傲,傲必溢,傲必损,损必祸。所以企业经营者富裕之后,应“内束其心,外束其身,谨言慎行,审密周详,谦卑自牧,皆所谓约”。(《论语集释》,第278页。)

奢者富而不足。利欲熏心的人永远不会感到财富的满足,他们拥有上亿元资产,过着奢华的生活。王进先生在《山西煤老板》一书中揭露了现代晋商奢侈之风,他们把历史上的晋商质朴淳厚、勤俭节约、爱护百姓的古之陶唐之遗风忘得一干二净。一些晋商煤老板拥有北京最豪华的别墅,平均每栋售价都在5000万元以上;为情人购买上百万元的首饰,上千万元的家具,上亿元的古董。在煤老板住处,经常可以看到开着宝马大奔的妖艳女人在兜风炫耀身价,还有开着本田车的乡下女人是煤老板家的保姆在买菜。由此可见,现今的山西一代晋商已奢靡到何等疯狂的程度!

6.3 财富裕 用有度

鲁人为长府。闵子骞曰:“仍旧贯,如之何?何必改作?子曰:“夫人不言,言必有中。”(《论语·先进》,第115页。)鲁人,指鲁国的执政大臣。长府:鲁国藏财货的府库。贯:事也。鲁国当权者要改建放置财货的府库,闵子骞说:节省一点吧,不要改了。为何要改建呢?“改作劳民伤财,在于得已,则不如仍旧贯之善。”孔子说:闵子骞这个人平时不大爱说话,一说就言中事情的关键上了。

子谓卫公子荆:“善居室,始有,曰:‘苟合矣。’少有,曰:‘苟完矣。’富有,曰:‘苟美矣’。”(《论语·子路》,第139页。)卫公子荆:卫国大夫公子荆。善居室:善于居家过日子。苟:将就。合:足够。

孔子说:卫国的大夫公子荆,非常善于管理家庭事务。当其家里刚开始有些财富时,别人可能叫他家居维修一下,而他说:将就凑合着过就行了。当财物稍为增加一些时,他说:差不多完备了。当财物丰富时,他仍说:已经很完美了。由此,不难看出:古代亦有注意节俭之士,居家过日子,即使财富积累多了,也不铺张浪费,更不讲究奢华,“合矣”“完矣”“美矣”。古之贤人如子路穿着破旧衣服和“衣轻裘”者站在一起,“不忮不求”,内心很坦然;闵子骞“仍旧贯”，公子荆“善居室”，这些先贤们讲究节俭的优良传统，用财有度的经济头脑，是值得今天企业家们效法的！

马克思的经济学理论告诉人们：生产的目的在于消费。英国哲学家弗朗西斯·培根说：“财富的用途是消费，而消费的目的是荣誉或善行。因此，大笔的花销应当以原因和用途的价值为度，如果是为了国家，那就和为了天国一样，也是可以自甘贫乏的。”(刘永升主编：《培根论说文集》，大众文艺出版社2009年3月版，第116页。)企业家以正道求得财富，“亿屡中”，一部分钱用于个人和家庭消费，例如住房、交通车辆、孝敬父母(包括岳父母)、供养子女、接济贫困亲友等方面的支出，但个人消费一定要适度，不可奢华；但也不必过箪食瓢饮、居住陋巷的守财奴式的生活，尤其是对父母应保障他们的衣食住行，尽孝心，使他们“老者安之”；对子女“少者怀之”，无论是男孩女孩，培养要舍得投入，但勿放纵，培养孩子从小养成节俭之良好习惯。最重要的是回报国家之支持，依法缴纳各种税金，支援经济文化建设。

一个国家政府如果只讲生产不提倡消费，不鼓励人民适度消费，那么人类社会必将停止发展，停止进步。面对当前全球金融危机，世界各国政府都采取了许多拉动内需的积极措施，尤其是中国政府制定了许多刺激消费的惠民措施，深得民心。一个企业老板如果只抓生产，只顾自己发财致富，不关注广大员工的合理薪酬和福利，不让员工拥有适度消费的能力，这样的企业一定会倒闭。

当今社会的诸多企业家是奢过度，俭不足。他们住豪宅，坐豪车，吃豪餐，抽名烟(每条香烟价高达2000元)，豪赌豪耍；有的组织黑社会，欺行霸市，欺男霸女，无恶不作，丧失做商人的最起码的道德水准。

舒大刚先生在《墨子的智慧》书中说：“当今之主，早已抛弃了古代圣王‘增气冲虚，强体实腹’的原则，‘厚作敛于百姓，以为美食’。大讲排场，铺张浪费：‘大国累百器，小国累十器，前列方丈。目不能遍视，手不能遍操，口不能遍味。……富贵者奢侈，孤寡者冻馁，虽欲无乱，不可得也。’(舒大刚：《墨子的智慧》，中央编译出版社2008年4月版，第72—73页。)

培根

培根指出:“日常的消费则应当以一个人的财产为度, 要管理得当,不要入不敷出,不要被仆人欺骗;还得尽可能安排得体面。一个人如果仅仅想实现收支平衡而不至贫困到到底的话,他日常的支出应当是他的收入的一半;但若是他想变得更富有,那他的支出就应只占收入的三分之一。即使显耀的大人物亲自检点自己的财产也不算卑琐而有伤大雅。”(刘永升主编:《培根论说文集》,第116页。)

上文提到孔子的学生子路是一位具有仁义精神的勇士。孔子曰:“衣敝缊袍,与衣狐貉者立,而不耻者,其由也与!‘不忮不求’,何用不臧?”子路终生诵之。孔子曰:“是道也,何足以臧?”忮:音zhì,嫉妒;求:贪求;臧:音zāng,善,好。孔子之意是说:子路穿着破旧的用乱丝绵织的衣服,和穿着狐裘皮袍的人在一起,却不感到羞耻,因其内心高尚,不以衣帽奢华为高贵,所以得到孔子的赞扬。企业家做人要不嫉妒,不贪求,不奢侈。即使自己富有了，财富的支出亦应有度，以古之先贤为楷模，艰苦朴素，用而有度。

诸多爱国企业领袖如李嘉诚等人，在2008年5月四川汶川大地震后，即慷慨捐赠亿元，为国家分忧，为灾民解困，实乃仁义之举。国内许多企业和个人采取不同方式，向灾区百姓伸出援助之手，感人事迹不胜枚举。所以，仁义不能空谈矣。

6.4 富戒吝 周济众

孔子曰："如有周公之才之美，使骄且吝，其于不足观也已。"（《论语·泰伯》，第82页。）吝：吝啬，小气。足：值得。孔子之意是说：有的人具备周公那样美好的道德和才能，如果骄傲自大，不可一世，而且又吝啬自私，处处为私利着想，这样的人其他方面就不必观察了。

早在清朝乾隆年间，徽州商人鲍氏，经营有方，很是富裕。那几年间，长江流域洪水多发，鲍氏乐善好施，慷慨解囊，几年共捐了6万石（dàn）稻米、4万石小麦，另有白银300万两。这是徽商富裕之善举，受到清廷之赞誉。

现今，中国不少企业家自觉遵从孔子之教诲，己欲立而立人，己欲达而达人，己富不忘众人。他们十分重视平衡利益关系，如江苏黄埔再生物资集团董事长陈光标先生，几年来向社会捐资10多亿元人民币，被誉为中国"首善"的慈善家，受到国家总理温家宝的亲切接见。

陈光标最先率120人工程队赴前线，冒险救起128人，百万现金悉数送灾民……"中国首善"之称是这样来的。

2010年2月5日中午，中国首善陈光标和国内40多位企业家组成的光标榜样爱心团抵达乌鲁木齐，向1000名贫困青少年每人发放600元的红包。

为了迎接爱心团的到来，100多位《晨报》小记者在乌鲁木齐国际机场向每位爱心团成员献上了花帽、艾得莱丝绸。在盛大的欢迎仪式结束后，陈光标一行在小记者的陪同下前往新疆财经大学礼堂发放红包。

图为企业家带来的捐助物

在路上，陈光标接受了《晨报》、亚心网记者的采访，他说："人家都说我是高调的慈善家，我高调做慈善就是要回报社会，帮助那些需要帮助的人。我是在改革开放中成长的企业家，改革开放30年让我懂得什么叫大爱，什么叫责任和担当，让我懂得了财富如水的分享，你有一杯水可以自己喝，你有一桶水可以存放在家中，你有一条河你就应该学会与他人共同分享。我们创造的财富就应该回馈那些需要帮助的人。我认为，有了财富不会使用，这是一种负担。"

16时25分，陈光标和爱心团成员抵达新疆财经大学发放现场，现场受助的青少年全体起立，用雷鸣般的掌声欢迎爱心团的到来。

陈光标在发放红包前讲话时表示，他此行将在乌鲁木齐、阿勒泰、伊犁等7个地点发放2万多个红包，这时全场又响起了热烈的掌声。

受捐助的孩子代表何怿飞上台发言，陈光标让何怿飞走到自己的身边，自己起身把座位让给何怿飞，让她坐着发言，而自己则站在她的身边，一直面带笑容地看着她发言。

捐赠开始，陈光标把所有红包拿出来整齐地码放在桌子上，企业团成员全部上台打出横幅“中国企业家光标榜样爱心团第二组”。陈光标举着红包让记者们拍照。陈光标首先给3位全国劳模每人发放10000元现金，他把钱从红包里拿出，仔细清点，并把钱排成扇形，记者们蜂拥上台拍照。

17时10分，企业家们开始为孩子们发放红包，孩子们秩序井然地上台领取红包。现场气氛非常热烈，孩子们拿到红包后高高举起，现场一片红色。

图为小受助者领到了红包

在红包发放完毕后，陈光标临时决定给现场51位带队老师每人发放600元的红包。经过统计，光标榜样爱心团在乌鲁木齐共发放千余个红包。

中国“首善”陈光标第一时间通过中国人权基金会向海地地震灾区捐款100万元人民币。

陈光标是江苏黄埔再生资源利用公司董事长，10年来对慈善事业捐赠款物总额超10亿元，是无可争议的“中国首善”。他个人对四川地震灾区累计捐赠款物数额为1.3亿元，这成了中国对四川灾区个人捐赠最大的一笔。

他还曾在印尼海啸发生后的第一时间捐款500万元，对意大利地震灾区捐款100万元，在去年台湾台风灾害中捐款500万元。

陈光标说，爱心不分国界，希望有更多爱心人士给海地灾区人民送关爱。

“中国首善”陈光标捐赠的13000万元（即1.3亿元），是中国对四川地震灾区个人捐赠最大的一笔。在江苏省十一届人大二次会议会场上，陈光标如是告诉记者。

人们对陈光标的印象来自民间抗震救灾行动：2008年5月12日，这位“老板”带着120人和60台重型机械，从江苏、安徽日夜兼程，成为自发抗灾抵达地震灾区的首支民间队伍。同时，他还带着几十万元的现金现场发放给当地百姓。

坊间对此评价不一。有人认为是“实在”，有人认为是“炒作”。陈光标表示，他听到有人骂他，但他不在乎，做慈善需要高调，中国的民营企业家应该多一些社会责任感。

陈光标在1998年创办的江苏黄埔再生资源利用公司也有些“神秘”：十年来公司没有一分钱贷款，但每隔两个月就有一笔数额不小的款项投入慈善。他的解释是，做事稳扎稳打，但并不具体透露公司年利润数目。

陈光标今年又要成立“光标榜样基金会”，在中国留守儿童最多的地方——四川中江县，成立“留守儿童基金会”。他说，希望能带动中国更多的富人参与到慈善事业中来。

善比知识和真理更高贵！

善者善举，善举得仁，得仁得民，得民得心矣！

以上资料是我从网上转载的慈善家陈光标的感人事迹，目的是推崇、是宣扬，是推动已经富裕的中国当代企业家们，向陈光标学习，做到己欲立而立人，对国家和社会尽己之忠，对百姓尽他之恕，己富裕，周济众！

“善在人类的一切德行和精神品质中是最伟大的！”

——培根语

2008年5月12日，四川汶川大地震发生之后，四川郎酒集团捐资5000万元给灾区百姓；山东省日照钢铁公司捐资1亿元，给四川双流县新建一所棠湖小学，让那里的孩子们高兴地回家上学。

中国改革开放30年，国民经济发展迅速，民营经济如雨后春笋，蓬勃兴起。据美国《福布斯》杂志公布的2010年全球富豪榜显示：目前中国亿万富豪为全球第二多。2010年全球身价超过10亿美元的亿万富豪共有1011人，净资产达3.6万亿美元，比去年增加了近50%。其中亚太地区亿万富豪234人，比去年增长80%。中国内地富豪人数从2009年的28人，增加到了今年的64人，超过俄罗斯成为美国之外的亿万富豪最多的国家。如果加上香港的25人和台湾地区的18人，中国亿万富豪人数占到富豪榜的10.1%还要多。

中国内地排名第一位的是娃哈哈集团的董事长宗庆后70亿美元，排列全球富豪榜第103位；希望集团董事长刘永行50亿美元，排在第154位；苏宁电器集团董事长张近东45亿美元，排在第176位。中国香港的李嘉诚以拥有210亿美元排在全球富豪榜第14位。中国富豪激增与中国经济快速增长密不可分，更是和中国政府的利好政策分不开的。（以上资料来源：《环球时报》2010年3月12日。）

然而，世人对中国富豪的评价却不令人满意，甚至有人提出尖锐的批评。他们称中国有些富豪是“铁公鸡”，不懂得回馈社会，报答民众，缺少社会责任感。如某地有一位靠政府扶持近千万元起家发财的农民企业家，当上了全国人大代表，在2008年5月四川汶川大地震后，全国民众采取不同方式，积极支援灾区人民，充分显示出中国人的仁爱之心，兄弟之情，体现大爱无疆！就是这位全靠政府扶持近千万元而发了财的企业家，在国家号召为灾区献爱心的过程中，只捐了几万元；平时，对地方政府和社会公众事业，亦漠不关心，群众骂此人是无良心之徒，可谓既吝且啬矣。

正如涩泽荣一先生指出的：“为仁不富，为富不仁，就利远仁，据利失义……误解孔孟教义，使得从事生产事业的实业家门的精神几乎都变成了利己主义。在他们的心目中，既没有仁义，也没有道德，甚至想尽可能钻法律的空子去达到赚钱的目的。因此今日多数称作实业家的人，几乎都抱着一种只要自己能挣钱，他人和社会都可置之度外的观念。”(《论语和算盘》，第68—69页。)涩泽之言真是入木三分也。

培根说过：“一个人应当把利己之心与利人之心理智地加以区分，对自己要忠实，但也要于人无欺，尤其是对君王和国家更是如此。把自己的私利作为一切行动的中心，是很不好的……这种情况若是出现在一位臣仆或一个共和国公民身上，那就是一件极其恶劣的事了。”(刘永升主编：《培根论说文集》，第103页。)

今日一些国有企业的总裁，他们依靠国家的巨大投资，名义上经营国有公司的资产，利用国有资源，不择手段处处为己谋私利，对国不忠，对众不济，有的连对自己的父母也不敬不孝，干着极其恶劣的卑鄙勾当。

培根还说过：“我认为，‘善’的含义，就在于有利于人类，也就是希腊人所谓的‘爱人’；而用时下流行的‘人道’一词来形容，还稍嫌鼻足。”(《培根论说文集》)

穆勒说：“因为功利主义的标准不是指行为者自身的最大幸福，而是指最大多数人的最大幸福。如果说一个高尚的人因其高尚而永远比他人更为幸福这种观点姑且值得怀疑的话，那么他的高尚使他感到更加幸福、使广义上的世界成为巨大的受益者则是不容置疑的事实。故功利主义唯有普遍培养人们的高尚情操方能实现其最终目的，哪怕每个个体只能通过他人的高尚而受益，哪怕自身的幸福在泽被众人的过程中受到严重的削弱。”(《功利主义》第二章，第29页。)

由此可以看出，西方学者提出“功利主义”之学说，首先是讲“功利”的目的是使人快乐和幸福，而且是使最大多数人幸福和快乐，使众人之生活尽可能远离贫穷和痛苦。(无论是考虑自身的善还是他人的善。)穆勒称之为“最大幸福原理”，这与孔子“泛爱众而亲仁”的思想主张是相一致的。否则，比豺狼好不了多少。

培根指出:“善,还不是一种慈善的行为习惯,后者只是现象,而前者则反映了性格的本质。善在人类的一切德行及精神品质中是最伟大的,因为他是上帝的特性;如果没有善这种德行,人就会成为一种庸庸碌碌、有害无益、卑贱不堪的东西,比虫豸好不了多少。”(刘永升主编:《培根论说文集》,第66页。)企业家富裕之后,应爱众亲仁,乐善好施,回报社会。

2009年4月24日,中国慈善排行榜发布:世纪金源集团黄如论、黄涛父子向社会捐款273933万元,获得“首善”之称号,江苏的民营企业家陈光标捐款21000万元(21亿元),获得“最具号召力的中国慈善家”。

香港爱国实业慈善家李嘉诚先生一向济贫好施，乐于济众,2008年5月,四川汶川大地震后,慷慨捐资1亿元人民币;港星成龙先生亦是受国人尊敬的人士,他把自己的上亿元无私捐给四川地震灾区;姚明也慷慨捐资3000万元。众多善者之感人事不胜枚举矣。

大爱无疆!

2010年4月14日早上7时49分，中国青海省玉树县突然发生了7.1级强烈地震,一时房倒屋塌,众多藏族群众被埋在坍塌的楼房里。一场生命大营救的行动立即在玉树当地和全国四面八方展开。中国政府总理温家宝、国务院副总理回良玉第一时间赶到玉树灾区,指挥抢救生命大行动。

当时正在外国访问的中国国家主席胡锦涛,提前结束访问回国。胡主席刚踏上国土即召开紧急会议,研究部署玉树抗震救灾工作;并不顾长途飞行之疲劳,立即赶往玉树灾区,看望受灾藏族同胞,慰问抢险救援解放军、武警部队、消防官兵、公安民警和积极组织救援大行动的当地政府干部们。胡锦涛主席看望学生时,在帐篷教室的黑板上工整的写道:“新校园,会有的,新家园,会有的!”这是中国国家主席对受灾百姓和世人的庄严承诺!相信一定会实现孔子“老者安之,少者怀之,朋友信之”的美好愿景。这充分体现中国共产党和中国政府领导人爱众亲仁之举!

4月20日晚上,中共中央宣传部、广电总局、中央电视台、中国红十字会、中国慈善总会、中国政府民政部联合举办了一场“情系玉树,大爱无疆”献爱

CCTV
情系玉树 大爱无疆
抗震救灾大型募捐活动特别节目

龙基金会向玉树灾区捐款捐赠物资
成龙慈善基金会捐赠
1500箱

心捐助文艺演出，募得善款21.75亿元人民币，大大超过2008年四川汶川大地震时的15亿元的募捐善款数，充分说明中国人民的普世价值观正在提升，一大批企业家们正在遵从孔子之教诲：己欲立而立人，己欲达而达人。

博施于民而能济众，仁者！圣者！——子贡语录

在支援玉树灾区捐助活动中，年轻的台湾艺人刘谦先生慷慨捐助30万元人民币；澳门同胞捐助1亿元人民币，香港同胞仅一天时间就捐助了4500多万元。香港的义工黄福荣为救玉树孤儿院的师生，献出了自己宝贵的生命。演艺界成龙、李连杰奔赴玉树灾区，积极参加救援献爱心活动。

旅居海外侨胞心系祖国灾区人民，积极为玉树地震灾区奉献爱心，捐资13000万元。

国际社会为中国玉树捐款300多万美元。

己欲立而立人，己欲达而达人！可谓仁之方也。——孔子语录

善在人类一切德行和精神品质中是最伟大的！——培根语录

我国著名科学家钱学森自称姓钱不爱钱，几次把国家奖励给他的巨额款项捐献出来。早在上世纪80年代，钱老已捐款上百万元。1994年，他获得何梁何利基金奖，奖金100万港元；2001年，他又获得霍英东先生“科学成就终身奖”，奖金100万港元。这两笔奖金的支票还没有拿到手，钱老就叫人代他把钱捐献给西部沙漠治沙实业。钱老说：“我姓钱，但我不爱钱。”多么高尚的品质啊！他的高风亮节令世人敬仰！

比尔·盖茨

1955年，钱学森回国，周总理亲自接见。

美国微软集团总裁比尔·盖茨先生把500多亿美元捐献给慈善基金会，只给子女留少许资金，此举

受到世人的高度赞扬。沃伦·巴菲特先生在2008年就把数百亿美元捐给了慈善基金会。

为仁者不富，为富者不仁，不仅中国大有人在，发达国家亦有此类之徒。如美国的雷曼兄弟公司在金融危机袭来之严峻时刻，美国政府先后救助了不少公司，可为何不去救助雷曼兄弟公司呢？美国《纽约时报》曾经报导过一则消息，说雷曼兄弟公司的首席执行官理查·富德是个天字第一号的贪婪之徒。

理查·富德从1993年到2007年总共获得了5亿美元的薪水，仅2007年就获得4500万美元薪水。就在雷曼兄弟公司出现危机之后，英国的巴克莱银行想出资17亿美元，收购已经亏损20亿美元的雷曼兄弟公司。此时，雷曼兄弟公司的8名高级主管竟然要求雷曼兄弟公司支付给他们25亿美元的红利，这8位高管还有一点点人类之共性吗？雷曼公司已经亏损了20亿美元，已经无利可分了，他们还有一丁点儿同情之心吗？他们的心里头哪里还有国家和民族？哪里还有曾经工作的公司的股东和广大股民及公司的广大员工？这必然激起美国民众的公愤，美国政府和奥巴马总统当然不会去救助雷曼兄弟公司了。(资料来源:《郎咸平说》，东方出版社2009年3月版。)

6.5 富戒色 伦理扬

孔子曰:“我未见好德如好色者也。”(《论语·子罕》,第94页。)

孔子说:我从没有见过喜欢道德像喜爱美色那样的人。儒家认为,饮食男女人皆所欲,但一定要遵守国家法律和社会公德。男女合法结婚生子,是人类社会发展进步的需要,是劳动力再生产的需要。

孟子曰:“是焉得为大丈夫乎?子未学礼乎?丈夫之冠也,父命之;女子之嫁也,母命之,往送之门,戒之曰:‘往之女嫁,必敬必戒,无违夫子!’……居天下之广居,立天下之正位,行天下之大道;得志,与民由之;不得志,独行其道。富贵不能淫,贫贱不能移,威武不能屈,此之谓大丈夫。”(杨伯峻:《孟子译注·滕文公·章句下》,第140—141页。)

英国哲学家培根说:“妻子和儿女对于人类确实是一种训练;……庄重的人因常受风俗传统的引导,所以忠贞不渝,多是情深义重的丈夫;正如古人所说的尤利西斯:‘他宁要他年迈的妻子而不愿获得长生。’……而使一个妇人相信她的丈夫是明智的,才使她保持贞操和顺从的最好方式;然而假使如这妇人发现丈夫妒忌多疑,那她就永不会相信丈夫是明智的了。”培根还说:“妻子是青年人的情人,中年人的伴侣,老年人的看护,所以一个人只要愿意,任何时候都有理由娶妻。”(刘永升主编:《培根论说文集》,第42—43页。)

保持家庭和谐,就要夫妻双方遵守伦理道德,一心一意维系夫妻关系之稳定,进而实现家庭之和睦,双方父母之愉悦,子女之安心,社会之安定。正如孔子所言:“苟正其身矣,于从政乎何有?不能正其身,如正人何?”(《论语·子路》,第141页。)意思是说:一个人假使能端正自己的品行,遵守伦理道德,他处理政事就不会有困难的;如果不能端正自己的品行,怎么去教育众人,使他们端正品行呢?

孔子一再告诫说:“君子不重,则不威;学则不固。主忠信。无友不如己者。过,则勿惮改。”(《论语·学而》,第5页。)惮:dàn害怕。忠信:重视诚恳。“主忠信”,以忠实诚恳为主要品德。

孔子之意说：君子如果不稳重，作风轻浮，就没有威严，说话亦无威信。即使学习了一些知识，也不会记住和牢固。处人处世，应当把忠和信放在十分重要的位置上。对不如自己的小人，要保持一定距离。自己有了错误，要勇于改正。

企业家要做君子，一定要稳重，行为端庄，举止沉稳。如果作风轻浮，乱伦丧德，花花公子，在群众中会威信扫地，这样的人定是一个淫乱之徒，无论他从事何职，学习何种知识，都不会牢固的。

当今社会，无论是政界、商界，贪者必色，色者必贪，贪和色形影不离。贪官大都有外遇，某省会城市的市长在北京中央党校学习期间，竟然把情人带到京城开宾馆包房间；并常去澳门豪赌。东窗事发后，此人竟贪污7000余万元，国法难容，杀之，人心大快哉！

孔子曰："由，知德者鲜矣。"（《论语·魏灵公》，第168页。）意思是："仲由啊，知道'德'的人确实很少的。"2500年前的夫子之言，仍然适用于21世纪的当今社会。一些企业家物质虽富有，家财万贯，可是思想空虚，道德沦丧，拈花惹草，朝三暮四。这批人知德者是很少的，生活腐化，道德堕落，经济犯罪，导致家庭破灭，父母伤心，子女悲哀矣！

孔子告诫人们："君子有三戒：少之时，血气未定，戒之在色；及其壮也，血气方刚，戒之在斗；及其老也，血气即衰，戒之在得。"（《论语·季氏》，第183页。）

孔子说：君子要注意三件事：年轻时，血气未定型，要警觉勿贪念女色，不要乱伦；壮年时，血气方刚，争强好胜，警觉好斗，勇而无礼则乱；年纪老了，血气减退了，不要贪念财物，因为财物是身外之物，不要做一个悭吝之人，给后人留下不好的影响。

当年，鲁国由于孔子治政有方，势力强大，齐国惧怕。齐国为了麻痹鲁国，特地给鲁国国君和季氏送去了歌姬舞女，把持鲁国政权的季环子受之，和鲁君终日花天酒地，不问朝政，孔子实在看不下去了，毅然离开鲁国。"齐人归女乐，季环子受之，三日不朝，孔子行。"（《论语·微子》，第201页。）玩物者必丧志也！

6.6 孝父母　仁之本

有子曰："其为人也孝弟，而好犯上者鲜矣；不好犯上而好作乱者，未之有也。君子务本，本立而道生。孝弟也者，其为人之本与！"（陈昌明译注：《论语·学而》，第1—2页。）

孝敬父母，尊重兄长，是中国封建社会中最基本的道德准则，是儒家文化的大本和根基。孔子大力提倡仁义礼智信，由礼及义，由义及仁，而孝悌乃为仁之根本。一个人只要做到孝悌，就会自觉遵守社会公德，就不会做伤天害理之事。君子只要专心致志，一心一意做好孝悌这样根本的事情，道德也就会由此而产生了。

所以，孔子曰："弟子入则孝，出则弟，谨而信，泛爱众而亲仁。行有余力，则以学文。"（《论语·学而》，第4页。）一个人不管多富多贵，身体皆父母所授之躯体，孝敬父母乃一理之要道，人伦之大本也！古今孝子官民皆有颂之，禹王虽遭亲父继母之迫害，仍然无怨。闵子骞亦受继母之苦，冬天穿芦絮做的衣服，全身冰凉，而继母所生两个弟弟穿着厚厚的棉衣，当其父得知其继母如此劣行之后，要将其继母休去，闵子骞却恳求父亲说：母在一子单，母去三子寒。使其父收回休妻之念头。

中国优良的传统价值观念，在上世纪60年代曾经遭受到前所未有的践踏，延续两千多年的纲纪伦常或被批判，或被抛弃，或被歪曲。后来，一些身居高位或府库充盈的人，他们大都出生在20世纪50年代末或60年代中期，正值国家经济衰退，教育极"左"，这批人根本没有受过传统文化教育，到了20世纪末、21世纪初，他们当中的有些人是"德之不修，学之不讲，不义不徙，不善不改"。（《论语·述而》）

近十几年来，国家大力倡导传统价值观，弘扬中国优秀的国学普世文化，涌现出许多先进的道德模范，敬老爱幼之典型事迹感人肺腑！"父子之道，天性也。父母生之，续莫大焉；君亲邻之，厚莫重焉。……不爱其亲而爱他人者，谓之悖德，不敬其亲而敬他人者，谓之悖礼。"（里功编辑：《孝经》，北京燕山出版社2009年3月版，书中有12岁孩子为母献骨髓之故事。）

然而，有些企业老板经商富裕了，对自己的父母毫无孝敬之举。有一位年逾古稀的孤独老人，上世纪60年代初，为了家在农村的两个儿子而自动辞去教师工作，回到农村种地，拼死累活把两个儿子送进学校读书至中专毕业。他们参加工作，娶妻生子。后来两弟兄都经商富裕了，可谁也不为住在一豆腐店半间破石棉瓦房子里的78岁的老父亲安排住房，每年春节他们谁也不接老父亲去他们家团聚，老人家孤苦伶仃孤身一人，在冰冷的小屋里煎熬着。这样的企业家已毫无人性，近乎禽兽也。百善孝为先！一个连自己父母都不孝敬的企业老板，对他的兄弟姊妹、邻里乡亲和公司员工不可能友爱亲仁的，此等人与禽兽“几希”矣。

孟子曰：“世俗所谓不孝者五：惰其四支，不顾父母之养，一不孝也；博弈好饮酒，不顾父母之养，二不孝也；好货财，私妻子，不顾父母之养，三不孝也；从耳目之欲以为父母戮，四不孝也；好勇斗狠，以危父母，五不孝也。”（杨伯峻：《孟子译注·离娄·章句下》，第200页。）孟子说：有个叫章子的人，因为得罪了父亲，不能和他亲近，把自己的妻室和自己的儿子都赶到远方去了，是则罪之大也。可见，不孝之徒古今皆有之也。

本章小结：本章主要论述富者应戒骄、戒奢、戒吝、戒色，孝敬父母，尊重兄长，友善亲朋，做到富贵不能淫，贫贱不能移，且还应在经营活动中做到敏于事，讷于言。

信守勤
文正勇
仁厚毅
智德忠

七、纳于言　敏于行

7.1　纳与敏

孔子曰:“君子纳于言而敏于行。”(《论语·里仁》,第39页。)纳:读nà,意迟钝,此指说话谨慎。纳的本意是指丝湿润的样子,常用意是收纳,引申为让进入,收容,又引申为采纳,如采纳意见,容纳,纳税,纳福等。(《新华大字典》,第892页。)

孔子告诫说:君子说话应该谨慎且要郑重,当言则言。勿说虚假之言,勿说片面之言,勿说佞语狂言,勿说直绞之言,要言之有理,不过亦不及。写文章或作报告切勿空洞无物,套话、废话连篇,无创意,无独到见解。敏:是形声字,攵(读pú)为形,每为声,攵表示与行为动作有关的。敏的本意指快捷,灵活,迅速。引申为脑子机敏,反应快。敏锐,敏感,敏捷,机警,聪明,有智慧。敏行不怠,意指做事要勤奋敏捷,肯动脑筋。

孔子曰:“古者言之不出,耻躬之不逮也。”(《论语·里仁》,第38页。)躬:自身。逮:赶上。孔子之意是说:古人说话不轻易开口,因为他们认为言和行不一致是可耻的。言必有行,行必有果。此点在前文“诚信无欺”章节里有所论述。企业家每天都要说话,言语之内容大多与企业经营有关,不是肯定就是否定。“言”必须落实到“行”上,“耻其言而过其行”,(《论语·宪问》,第159页。)孔子说:君子以言过其实为耻。故而企业家言行一致,是做人的最基本的最重要的行为准则和道德规范。古语云:“君子一言,驷马难追。”即是告诫人们勿轻言,勿狂言,勿说过头之言。言行相悖者,耻也。说话谨慎的人,做事要一思再思。

有一天,司马牛问仁。子曰:“仁者其言也讱。”

曰:“其言也讱,斯谓之仁已乎?”子曰:“为之难,言之无讱乎?”(《论语·颜渊》,第126页。)

司马牛，姓司马，字子牛，孔子的学生。讱(rèn)：难，意指话难说出口，引申为说话谨慎。司马牛问仁于孔子。孔子之意是说：有仁德者说话常常是谨慎的。司马牛又问：说话谨慎之人，就能称之为仁者了吗？孔子说：做起来是不容易的，但说话时一定要非常之谨慎。

“纳”与“讱”皆指君子说话要谨而慎之。有人或者说：“雍也，仁而不佞。”孔子曰：“焉用佞？御人以口给，屡憎于人。不知其人，焉用佞？”(《论语·公冶长》，第41—42页。)雍：人名，姓冉，名雍(yōng)，字仲弓，孔子的学生。佞(nìng)：能言善辩，口才好。御(yù)：抵挡，此指应答。口给：应答问题敏捷，胸中随时都有应对别人的话语。有人说：冉雍是个有仁德但口才不行的人。孔子听此言后说：为什么一定要口才好呢？巧舌如簧地和他人争辩不休令人讨厌。至于雍是否有仁德我不知道，为什么一定要有口才呢？

在《论语》里，孔子说话非常严谨，比如，孟武伯问孔子学生子路、冉求、公西赤等人是否具有仁德，孔子均未轻易赞许；卫君问阵于孔子，孔子说不知军旅，随去之。以上所述孔子“纳于言”“讱于言”，勿用“巧”“佞”言语之教诲，是值得企业家们永远铭记的。而且，要深入理解言与敏、敏与思之联系。

7.2 思与敏

孔子曰：“君子有九思：视思明，听思聪，色思温，貌思恭，言思忠，事思敏，疑思问，忿思难，见得思义。”(《论语·季氏》，第184页。)

思：动脑筋，思考；想，深思熟虑；想念，怀念，思念，牵挂；希望；想问题时的思路构思。思是会意字，由表示大脑的囟(cōng)和心两个字组成。其本意是想、动脑筋，引申为想念，作名词用，表示心绪、感怀、情绪，在思考过程中形成的思路、构思。(《新华大字典》，第1178页。)

孔子之“九思”，是指君子之修身要目，非常仔细、具体。夫子说：君子有九件事情要认真动脑筋思考：观察事物要看明白，看仔细；听别人说话要听清楚，(聪)；和他人见面时，要看对方的脸色是否温和；面孔、容貌、态度是否恭敬庄重；说话言语是否忠诚老实；做事是否严肃、认真；遇到疑难不懂的问题要考虑如何请教别人；遇到不愉快的事情，想发怒时，要考虑到后果和影响;看见可以得到的利益好处,要见利思义。此“九思”前六思是讲如何察人观事之功,后三思是讲修己,遇到疑问如何请教别人之方法,遇到不愉快之事如何抑制自己之情绪,见得利之时思义,想想是否该得之利。

《论语集释》【考证】云:“古人之辞,凡极言多者曰九,如叛者九国,反者九起,皆是也。君子有九思,止是极言反复思维耳。故有九思之目,因姑举九事以实之,非以此尽君子之思也。……‘思’,古文作恖(cōng)。恖,睿也。从心,从囟(cōng)。‘囟,头会脑盖也。’内经云:‘脑为髓之海,其轮上在于其盖。’由是言之,思者,主于心而通于脑焉。”(陈树德:《论语集释》,第1159—1160页。)

孔子言九思,关键是“思”字。思与心、心与脑之关联非常紧密,现代生物人体解剖科学已经证明:人的大脑有140多亿个细胞,遍布人脑各个区域,发挥着不同的作用。古人曰脑为髓之海,思者聪也,睿也,智也,主于心而通于脑。故人的一切善恶言行均由人的大脑神经系统而生成。“心”的作用全在于“思”、在于“想”。不思不想者或为痴呆(植物人),或死矣。

《孟子译注》:公都子问曰:“钧是人也,或为大人,或为小人,何也?”

孟子曰:“从其大体为大人,从其小体为小人。”

曰:“钧是人也,或从其大体,或从其小体,何也?”曰:“耳目之官不思,而蔽于物。物交物,则引之而已矣。心之官则思,思则得之,不思则不得也。此天之所与我者。先立乎其大者,则其小者不能夺也。此为大人而已矣。”(杨伯峻:《孟子译注·告子·章句上》,第270页。)钧同均。

译文:公都子问孟子:同样皆是人,为何有人是君子,有人是小人?

孟子回答说:求其自身重要器官需要的是君子,仅求满足身体次要器官需要的是小人。

问道:同样都是人,有人要求满足重要器官需要,有人只要求满足次要器官需要,何故?

孟子答道:耳朵眼睛这类器官不会思考,故而容易为外物所蒙蔽。【因此,耳目不过是一物罢了】一与外物相接触,便会被引向迷途。心这个器官职在思考,【人的善性】,一思考便得着,不思考便得不着。这个器官是天特意给人类的(皆父母所赐也)。因此,这是重要器官,要把它竖立起来,那么,次要器官便不能把善性夺去了。这样,变成了君子了。(杨伯峻:《孟子译注》译文,第270页。)

企业家均有人体各种器官,佛称之为“六根六识”。应时刻把握各器官之功能运用,以“善”为思之起点,以“正道”为行动之起点。对世界之万物观察仔细,头脑敏锐,牢牢把握言行之起点,即便在灯红酒绿之境,亦能拒腐蚀而不染矣。子路恐孔子见南子后有染,孔子对天发誓,如果我的行为不符合礼制和道德,连声说:天厌弃我吧!天厌弃我吧!孔子非匏瓜也。

孔子乃圣人也,不仅善思,而且观察问题,办理事情非常敏捷。颜渊喟然叹曰:“仰之弥高,钻之弥坚。瞻之在前,忽焉在后。夫子循循然善诱人,博我以文,约我以礼,欲罢不能。既竭吾才,如有所立卓尔。虽欲从之,末由也已。”(《论语·子罕》,第91页。)喟(kuì)然:叹气的样子。弥(mí):愈,越。循循然:有次序地。博我以文:即“以文博我”,意思是指导我学习文献典籍,使我知识广博。约我以礼,用礼节教育我使我得到约束。卓尔:高高直立的样子。末:无,没有。由:途径。末由:无可走之路。(《论语》,第91页。)

颜渊喟然叹息说:夫子的人品、思想、学问,我仰望观之,愈望愈觉得高不可攀;我研究老师的学问,愈钻研愈感到深奥。有时看见他好像在眼前,忽然又好像到后边了。老师善于循循善诱启发我学习文献典籍,教育我遵守礼节。老师的高大形象和品格,使我想停止学习也不可能了。我已经尽自己的才力了,他好像仍然矗立在我的眼前,我无路攀登上去!颜渊十分尊重孔子,孔子非常赞赏颜渊的好学精神。

孔子曰:“我非生而知之者,好古,敏以求之者也。”(《论语·述而》,第71页。)孔子之意是说:我不是生来就有知识学问的,因为我喜爱古代文化典籍,勤奋学习,敏于思考,积极探求,才能够获得知识。

7.3 学与思

孔子曰:“学而不思则罔,思而不学则殆。”(《论语·为政》,第15页。)罔(wǎng):蒙蔽,欺骗。殆(dài):疑惑。孔子之意是说:要明白读书和思考的关系,只是死读书,读死书,却不动脑筋,思考问题时,就会受蒙蔽;如果只是苦思冥想,却不努力读书,不认真钻研知识,就会疑惑不解而毫无结果。

孔子曰:“君子食无求饱,居无求安,敏于事而慎于言,就有道而正焉,可谓好学也已。”(《论语·学而》,第8页。)孔子教育君子们不要贪求口体之福,办事要迅速敏捷,说话要严谨,时常向道德高尚的人学习请教,并不断改正自己的缺点,能这样做也可称为好学了。

人的学问和智慧既有联系又有区别,学问既学又问,学为主,问是请教别人。学一定要思,不思则罔,有学问缺少智慧,书呆子,心与脑处于蒙蔽状态,缺乏创新思维,此种人成不了大业,当不了企业家,对社会无多益,但也不会“搞搞阵”,给社会带去多少灾难。

有些经营者“思而不学则殆”。像浙江温州有些民营企业老板,他们有致富的思想,亦有经商之技能,但知识缺乏,学问不多,制约他们的思考力、创新力,往往缺少前瞻性,很难把企业做强做长;有的小老板甚至胡作非为,目无国法,欺行霸市。

案例:2010年1月11日,浙江杭州房产商暴打购房者。“买房不仅要钱,还要命啊!”据《成都商报》2010年1月14日载文:一位黄姓女购房者,去杭州富阳市东吴房地产开发公司问总经理管某一句话:“你有没有收我们的钱(定金)?”此时管某一边骂“谁叫你说话,我打你两个巴掌信不信”?一边站了起来,掐着黄女士的脖子拖出办公室,然后房产公司的工作人员对黄女士和一位男士一顿暴打,打翻在地还用脚猛跺,直到有人报警,警察赶到现场才肯罢手。

案例:更为严重的是浙江省东阳市年仅28岁的吴英,从2006年的一夜暴富,到2007年的身陷官司,2009年12月18日下午一审被判死刑。其罪名是“集资诈骗罪”。

吴英只有初中文化,学过美容,15岁就开美容店。若干年后,吴英结识了许多人,2002年结婚。2003年8月,在东阳市西街开起了“贵族美容美体沙龙”,生意非常火爆。后来,她的生意越做越大。2006年2月,吴英在母亲老家荆门开设了义信投资担保有限公司,注册资金1000万元。2006年4月开始,吴英一口气注册了3家公司,当年成立了本色集团公司,注册资金达1亿元。

后来吴英头脑越来越发热,靠不义渠道积聚的资金,在浙江、湖北等地开发房地产业、酒店业,到2006年11月,吴英的资金链已经趋紧,许多债主催要贷款,4900万元的假汇票被没收。后来案情公布,吴英所有的资金几乎都来源于民间高利贷,只有工商银行贷款1550万元。

2007年2月7日晚10时,正在北京筹措资金的吴英,因涉嫌非法吸收公众存款,被浙江东阳市公安机关刑事拘留至判死罪。

吴英犯罪原因是不学法、不知法、不守法,文化层次太低,私欲太重,盲目扩张,导致过早结束自己年轻的生命。悲哉!

案例:温州商人反思草根经济:《华西都市报》2009年12月22日

他们在迪拜楼市被套30多亿元;在省外投资煤矿损失150亿元。何故?反思"不怕投资风险",压根儿就缺少风险意识!

思考力乃企业家考虑问题之能力。"考"字为形声字,这个字在金文中的形符像长发老人,考的本意指年纪大,又特指已去世的父亲。另外,"考"还表示考察、思索、考究、推求等。(《新华大字典》,第673页。)"考"的过程应是"思"和"行"的统一,是一个复杂的脑力劳动和体力劳动相结合的过程,是人"行"的初始。思考能力就是人的思维能力。

企业家的成败与团队成员个人的思考力关系非常之大,团队成员思考力的强弱,与企业好的决策、制定正确战略发展目标、编制企业经营计划、实现经营计划目标的措施,密不可分。每一个环节都须企业家们缜密思考,力求做到"四精":精心管理、精细操作,精打细算,精益求精。

在企业经营过程中,企业家尤其是老板应掌握好企业航船前行的舵,牢牢把握企业航船沿着正确航道前进,规避暗礁和风险,实现企业之目标。此言"正确航道"乃指一刻也不能偏离"仁"道,否则势必发生"触礁翻船",造成公司破产,工人失业,危及员工之生存,影响社会之稳定。所以,企业家们的思考力至关重要,它关系到企业家们的分析力、判断力、决策力和执行力,即领导能力。

思考能力的培养,是一个漫长的过程,途径亦很多,其中最重要的是读书学习。《论语》开篇即“学而”。子曰：“学而时习之，不亦说乎！”(说yuè：通悦)。孔子之意是说：读书学习知识是一件很快乐的事情，“时习”即时常地坚持学习，不要半途而废，而且要持之以恒；学得了知识和技能，从心里感到快乐、愉悦，乐滋滋的，发自内心的喜悦。

何谓“时习”？“即学者以时诵习之。诵习以时，学无废业，所以为一。……黄侃义疏：凡学者有三时：一是就人身中为时，二就年中为时，三就日中为时也。就身中者，凡受学之道，择时为先；长则扞格，幼则迷昏。……时过而后学，则勤苦而难成是也。即必须时，故内则云：六年教之数与方名，七年男女不同席，八年始教之让，九年教之数日，十年书计，十三年学乐、诵诗、舞勺，十五年成童舞象。并是就身中为时也。二就年中为时者，去学随时气则授业易人也。故王制云：春夏学诗、乐，秋冬学书、礼是也。春夏是阳，阳体轻清；诗乐是声，声亦轻清，轻清时学轻清之业则为易入也。秋冬是阴，阴体重浊，书礼是事，事亦浊；重浊时学重浊之业亦易入也。三就日中为时者，前身中、年中二时，而所学并日日修习而不斩废也。……今云：学而时习之者，时是日中之时也。”(《论语集释》，第2—3页。)

先人解“时习”之意：一为年龄不同时段，学习知识内容亦不同；不同季节学习知识也不同。今之企业家们如何学习读书，依各自具体年龄、学历、企业性质而定读书计划，持之以恒。已有知识要不时温习，“温故而知新”，且还要注重实践，联系实际。“九思”之过程即学习、实践之过程也。在实践中多思多想，积累知识。即使业务繁忙，亦应时刻遵循孔子的教诲，“行有余力，则以学文”，充分利用“余力”即空闲时间和精力，听、读、写、做，巩固学习之成果。曾子也要门人做到“传不习乎”，教育学生经常温习老师传授的知识，“温故而知新”。通过努力读书学习，以提高行的能力。

在学习过程中，要“知之为知之，不知为不知，是知也”。(《论语·为政》，第16页。)要像孔子即样做到“不耻下问”，“入太庙，每事问”，向老农和老圃请教。做到“三人行，必有我师。择其善者而从之，其不善者而改之”。(《论语·述而》，第72页。)正如曾子所言：“以能问于不能，以多问于寡；有若无，实若虚，犯而不校。昔昔我友赏从事于斯矣。"(《论语·泰伯》，第80页。)

孔子曰："诵《诗》三百，受之以政，不达；使于四方，不能专对；虽多，亦奚以为?"(《论语·子路》，第138页。)孔子说：即使熟读了《诗经》三百篇，叫他理政，不行；让他出使国外搞外交，缺乏独立工作能力；书读得再多，不会办事，又有何用呢？所以，读书和用，一定要紧密结合起来，提高办事能力，也就是现代企业家称之为领导力或执行力的。

世界级管理大师彼得·德鲁克先生曾经研究过孔子的学问，他在《德鲁克管理学》一书中说："孔子的看法是，学习的目的是为了提高自己，以便担任新的、不同的、更重大的工作。西方的看法也与此相同。学习的性质表现于一条学习曲线之中。"(《德鲁克管理学·管理使命篇》，第358页。)可见，西方管理学者也十分注意研究孔子的伟大思想，把孔子关于学习的论述运用到企业管理中去。

7.4 敏于行

季康子问："仲由可使从政也与？"子曰："由也果，于从政乎何有？"曰："赐也可使从政也与？"曰："赐也达。于从政乎何有？"曰："求也可使从政也与？"曰："求也艺，于从政乎何有？"(《论语·雍也》，第56页。)

陈树德《论语集释》【集解】包曰："谓果敢决断。孔曰：达，通事里。艺，谓多才艺。"【集注】果，有决断。达，通事理。艺，多才能。(《论语集释》，第380页。)

鲁国权臣季康子问孔子：仲由、子贡、冉求是否具有从政的才能？孔子分别从仲由办事果断，子贡通达人情事理，冉求多才多艺三个方面，肯定三人之从政办事能力，按照现代用语叫做企业家的"执行力"。

所谓执行力，即可视为企业家综合能力的体现。它大概包括观察力、思考力、分析力、判断力、决策力、执行力等诸方面的能力。一个人办事果断，不拖泥带水，当断则断，紧紧抓住商机不放，即可谓执行力棒；反之办事犹豫不决，优柔寡断，前怕狼，后怕虎，当断不断，"慎而无礼则葸(音xǐ)"，这样的人办企业，往往贻误商机，无法取胜。故而企业家要学习仲由办事果断的良好作风，做到"敏于行"，提高自己的执行力。

企业家要像子贡那样，明白事理，通达人情，善于"猜度"，即把握商机，才能“亿则屡中”。

企业家还要做到“君子不器”，刻苦学习钻研管理知识和现代相关科学技术，像冉求那样，尽力做到“多才艺”。还应注意适时调整战略思维，牢牢掌握本行业前沿先进科技发展动向，当机立断，定能大展宏图！

敏于行。“行”在古文字里是象形字，像道路交叉的十字路口。行的本意是指行走(像两人行走)。又说指道路，读作háng，后转指行列。又引申指班辈、排行，还引申指营业机构和工商业类别。再引申为做、实行，有能力、有才能，德行、品行等等。(《新华大字典》，第1395页。)

“敏于行”特指为实现某一目标而行动，为实现一个人或一个组织的理想而奋斗。“理想是奋斗的目标，对于一个人的成功非常重要，但是一个人不能只生活在理想之中，这样就无法实现理想，所以有理想和希望固然重要，但是更重要的还是行动。”(杨乐著:《西点军校给青年的16个忠告》，台湾海鸽文化图书出版有限公司2007年5月版，第55页。)

世界上几乎所有的企业家无一不想发财致富，求财求富，乃人之所欲也。如果仅仅停留在口头上，不去行动，恐怕无法与财富结缘。“成功始于心动，成于行动。一个只懂得坐在云端想入非非而不能脚踏实地地去努力的人，是永远也不会取得成功的。”(《16个忠告》，第56页。)大凡想取得成功的企业家，大多数人都会为实现理想和人生目标，而努力拼搏也。

敏于行，就要做到慎思、速行。“季文子三思而后行。”子闻之，曰:“再，斯可矣。”(《论语·公冶长》，第48、49页。)季文子，人名，姓委生，名行父，谥号“文”。三思:即反复思考，说明办事过于谨慎。再:第二。意思是说:季文子做事过于谨慎，反复考虑后才行动。孔子听到季文子做事过于谨小慎微，于是说:做事前考虑两次就可以了。

孔子之意是指一个人考虑问题不要过于优柔寡断，当行则行。《16个忠告》指出:“拖延导致平庸，行动成就卓越。”美国的西点军校要求学员们做到当天的事情，必须当天做完，不允许拖到第二天去做。日本的企业提出“日事日毕，日清日高”，都是要求做事快速、果断，不拖拉，把立即行动作为信条，随时养成立即行动的好习惯，否则就无法成就大事！

杰克·韦尔奇说："在多年的管理实践中……我发现其中有的人在做决断的时候遇到了较大的困难，尤其是在他们进入业务部门以后。因为在许多情况下，他们都能想到太多的被选方案，这反而妨碍了他们下决心。这种优柔寡断的性格把他们的团队带进不安定的状态，最后甚至成了自己的致命伤……上面的问题自然把我们引导到执行力上面来，落实工作任务的能力。"(《赢》，第76页。)

何谓执行力？韦尔奇先生说："执行力是一种专门的、独特的技能，它意味着一个人要知道怎样把决定付诸行动，并继续向前推进，最终完成目标，其中还要经历阻力、混乱，或者意外的干扰，有执行力的人非常明白，'赢'才是结果。"(《赢》，第77页。)

孔子曰："饱食终日，无所用心，难矣哉！不博弈者乎？为之，犹贤乎已。"(《论语·季氏》，第197页。)孔子之意是说：一个人整天吃饱饭任何事都不做，饱食终日，无所用心。此种人是很难有所成就和作为的。不是有下棋的吗？下下棋也比没事做好呀。

中国明代著名才子文征明的儿子文嘉(1501—1583)，明代画家，诗人。字子休承，号文水，湖广衡山人，祖籍长州(今江苏苏州)。曾写过一篇有名的《明日歌》：

明日复明日，明日何其多。

我生待明日，万事成蹉跎。

世人若被明日累，春去秋来老将至。

朝看水东流，暮看日西坠。

百年明日能几何？请君听我明日歌。

此首诗共58个字，七次提到"明日"。诗人反复告诫人们，要珍惜宝贵的时间，做事情不能今天推明天，明天推后天，缺乏效率意识和进取精神，得过且过，不求上进。要知道，办事拖拖拉拉，是肯定成就不了大事的。

美国西点军校指出："拖延说到底是一种坏习惯，年轻人要克服拖延的习惯，一定要树立‘立即行动’的时间观念。”单从时间可充分利用来说，昨天已经过去，失去的光阴无法挽回，明天还没有到来，故只有今天的时间是实实在在的，一分一秒地逝去，能使用的只有今天的24小时。人们所取得的所有业绩、成就，都是“今天”实现的。“今天”对每一个人都非常重要，今天要做的事必须完成，绝不要拖到明天再去做。尤其是企业执行买卖合同，均有供货时间的约定，无故人为地拖延时间造成违约，不仅要赔偿经济损失，更重要的是失去了诚信，即失去了市场和顾客，终将导致企业危机，甚至于破产。

“敏于行。”“行”一定要有目标和方向，切勿盲目行动。每个企业都要制定发展战略计划目标，确立发展方向，配置各种资源，坚持不懈去实现之。企业从成立之时，就应确立做何项目，生产何产品，顾客在哪里。每个企业要发展，都应当选择发展战略目标。从一开始，就要紧紧围绕公司发展目标和方向，制订详细的行动计划，采取强有力的相应措施，每一步均应有章可循，有“礼”可依，事事“齐之以礼”，以确保企业战略目标的顺利实现。假设一个企业无前进目标、无战略发展方向，或目标不具体、方向不明确，企业家发展战略和发展思维不清晰，又无得力的执行措施，无严格的规章制度约束，这样的企业肯定是短命的。

《16个忠告》指出：“虽然在生活中没有目标不会遭受失明甚至死亡的威胁，但是会让我们面对近在手边的机会而茫然不知，这是用一生的代价对盲目的行动作出的惩罚。……在生活中，很多人像终日拉磨的驴子一样，在盲目地原地打转，他们就像地球仪上的蚂蚁，看起来很努力，总是不断地在爬，然而却永远找不到终点，找不到目的地。”所以，西点军校把行动作为评价每一个人的准则，他们认为，只有行动才能证明人生的价值。

“明天是魔鬼的座右铭。……对懒散而无能的人来说，明天是他们最好的搪塞之词。而对于一个成功者来说，一定要把握住现在。”(《比尔·盖茨给青年的9个忠告》，第56页。)盖茨说：“时间管理不仅是独乐，也是众乐的一场赛事，和时间赛跑，人人都有可能是胜利者。只有不参加的人，才是失败者。”所以，企业家应积极和时间赛跑，做到不惑、不忧、不惧，知难而行矣。

7.5 知难而行

孔子曰："知者不惑，仁者不忧，勇者不惧。"(《论语·子罕》，第97页。)孔子此之教诲，前文已作叙述，此再次引用，目的是想再次说明今之企业家在激烈的市场竞争中，要知难而行，百折不挠。

世界上几乎所有的公司，大都经过创业期、发展期、兴旺期、管理及产品衰退期、发展转型期。每一个阶段都会遇到许许多多的困难，都要企业家付出艰辛的劳动。一些世界顶级大公司成功的案例，如沃尔玛、微软、GE等驰名企业及中国内地的海尔、联想、百度、万科、慧聪、阿里巴巴等许多公司的成长，都不是一帆风顺的。上述公司的老板们都有艰辛的创业史，其中之辛酸难以言表。

在企业经营过程中，每前行一步，都会遇到意想不到的困难：如突然发生的大自然灾害(天灾)、人祸(战争)；如国家政策变化；人力资源短缺；融资遇到困难，资金链断档；企业内部管理失当，产品质量出现缺陷，带来市场危机；如日本丰田公司由于一个小小的汽车油门踏板质量缺陷，引发美国、中国及等国家的投诉，经济损失上百亿美元，更为严重的是影响了在市场顾客中的信誉。

目前由于一些地方政府官员腐败而导致市场竞争机制失衡的问题，越来越严重地影响企业经营，尤其是中小民营无后台的企业，更是步履维艰矣！如何应对席卷全球的金融危机？如何面对市场上"权钱交易""权色交易"的挑战？是迎接挑战，继续前行？还是畏葸不前？企业家如何快速应对？答案只有一个：规避风险，择道前进！

杰克·韦尔奇说："请看吧，这个世界充满着灰色的气氛。对于同一件事情，任何人都有自己不同的角度。一些精明的人能够(也愿意)无休止地从各个角度来分析问题。但是，有决断力的人却知道什么时候应该停止评论，即使他没有得到全部的信息，也需要作出坚决的决定。"(《赢》，第75页。)

杰克·韦尔奇还说："在任何层次的经理人中，最糟糕的人就是那些迟疑不决的人，他们总是说：'把事情推迟一个月，我们再好好地、认真地考虑一下。'

……我们把这些缺乏主见的人叫做‘首鼠两端的老板’。”(《赢》,第76页。)

孔子曰:“天生德于予,桓魋(tuí)其如予何?”(《论语·述而》,第72页。)孔子带领弟子们历经13年的周游,其间可谓千辛万苦,被围断粮,忍饥挨饿,又遭宋国桓魋的迫害,但信念坚定,知难而进,艰辛而行,终于回到鲁国。故今之企业家面对种种困难和挑战,只要逆势而上,就一定能战胜逆境,取得新的胜利!

《16个忠告》引一位名人之言:“战胜挫折的唯一方法就是勇往直前。”“可见,在行动中,没有谁是一帆风顺,不经历任何的低潮和困境的,也没有谁是永远失败的。只要你有不甘休的精神,毫不犹豫地行动起来,你就是最后的成功者。”“作为年轻人,就应该有不破不立的闯劲,遇到困难,不应该退缩,不应该让困难阻止前进的脚步。能够阻止前进的不是困难,而是知难而退的心态。”(《16个忠告》,第68、70页。)

孔子曰:“譬如为山,未成一篑,止,吾止也。譬如平地,虽覆一篑,进,吾往也。”(《论语·子罕》,第94页)这里孔子以用土堆山及填平地面之事,比喻一个人做事要有决心和勇气,只要坚持干下去,积少成多,即使遇到困难,也不要停止,一定能把山堆起来,用一筐一筐土把地填平。企业家亦应做到坚忍不拔,奋斗不止,攻坚克难,不达目的,誓不罢休!

本章小结:本章主要论述敏与思、敏与学、敏与行、行与难之内容。企业家在经营过程中,要谨记孔子“九思”之教诲,培养自己的观察力、分析力、判断力、决策力和执行力,才能立于不败之地。同时,要讲究策略,遇到险境时,谨记“小不忍则乱大谋”。

八、善于谋略

8.1 暴虎冯河

子谓颜渊曰："用之则行，舍之则藏，唯我与尔有是夫？"

子路曰："子行三军则谁与？"

子曰："暴虎冯河，死而无悔者，吾不与也。必也临事而惧，好谋而成者也。"(《论语·述而》，第68页。)暴虎：徒手与老虎搏斗。冯(píng)河：不用船只，徒步过河。

颜渊、子路和孔子在一起说话，孔子对颜渊说：如有国家用我时，我就实行我的政治主张，不用我，就把我的主张收藏起来。能做到这样的只有你和我了。

子路听到老师赞扬颜渊，可能心里不高兴，认为孔子赞扬了颜渊，故紧接着说：如果叫你率领三军去打仗，你找谁共事呢？

这时孔子比喻说：徒手与虎搏斗，以及不会游泳却徒步过河的人，我是不会和他们一起共事的。和我共事的必须是非常谨慎、善于谋略的人，光凭勇敢，不讲策略的人，是无法取得成功的。孔子之意是在教育子路，做事要讲究智谋，研究策略，不要莽撞，"勇而无礼则乱"，子路却未领能会老师的意图。

宰我问曰："仁者，虽告之曰'井有仁焉'，其从之也"？子曰："何为其然也？君子可逝也，不可陷也；可欺也，不可罔也。"(《论语·雍也》，第63页。)逝：往，去，此指到井边去设法救掉到井里的具有仁德之人。如果遇到一个人掉到井里，如何救？此时应研究施救之方法，不能莽撞跳进井里，那样做非但不能救人，连自己的性命都极可能搭进去了。孔子是不赞成这种"勇而无礼”做法的。君子可以被人欺骗，但不可以被人愚弄。

谋略是兵道制胜的法宝。“知己知彼，百战不殆。”兵家如此，商家亦要知己知彼，不能徒手打虎，徒步过河，盲目跳井救人。“勇而无礼则乱。”企业家要精心制定企业发展战略，要精细编制实施战略目标的措施。

兵法曰：“计利以听，乃为之势，以佐其外。势者，因利而制权也。”（骈宇骞、王建宇、牟虹、郝小刚著：《孙子兵法》，中华书局2009年11月版，第6页。）计利：利，利益；计，计划、分析；计利，认真分析形势，作出判断，让领导者听从并采纳。要造势，加大宣传，配合军事行动。

做企业必须“计利造势”，采用多种形式、多种渠道，宣传公司文化，主动向市场传递产品信息，千方百计吸引顾客，刺激消费。同时，要鼓舞公司员工的士气，振奋精神，百战不殆，积极辅佐、指导市场业务人员，面对激烈的竞争，出奇制胜。

另外，企业领导者要慎言敏行，因势而灵活多变，即权变，迅捷应对市场之突发情况，变被动为主动，方能化险为夷。这样才能实现孙子言之“势者，因利而制权也”和孔子“临事而惧，好谋而成者也”。

8.2 知胜之道

孙子曰：“故知胜者五：知可以战与不可以战者胜，识众寡之用者胜，上下同欲者胜，以虞待不虞者胜，将能而君不御者胜。此五者，知胜之道也。”（《孙子兵法·谋攻》，第20页。）同欲：指同心、齐心，虞：准备。御：驾驭，牵制、干预。

兵家之胜道，商家可借鉴为之“圣道”。商场如同战场，从企业立项兴建，到企业研发产品，市场策划都应识众寡之用，积极开发“人无我有”之产品，且快速申请专利，即使政府招标采购，由多家竞争可变为单一采购，成功概率极高，百分之百获胜。此乃商家取胜之一大法宝也！正如当今市场流传的“同质商品卖低价，差异商品卖高价”，也就是“差异化”之谋略。

孟子曰：“夫物之不齐，物之情也；或相倍蓰，或相什百，或相千万。子比尔同之，是乱天下也。巨屦小屦同贾，人岂为之哉？从许子之道，相率尔为伪者也，恶能治国家？”（《孟子译注·滕文公·章句上》，第126页。）蓰：音xǐ，五倍。巨屦小屦：赵岐注云：巨，粗屦也；小，细屦也。

孟子之意是说：市面上各种货物的品质不一样，这是理所当然的。不同货物的价格有的相差五倍，有的相差十倍、百倍、千倍、万倍；不能把它们的价格不分好坏优劣，完全一致，没有区别，那样做是在搅乱天下。大小好坏一样价格，老百姓难道会愿意买吗？不要听信许子的胡言乱语，那只能让百姓走向虚伪，怎能够治理好国家呢？从孟子之言，不难看出，古之圣人早就提出物品差异之观点，与兵家孙子的众寡之用谋略非常一致。这里企业家要特别注意把握差异化商品之价格，应合乎仁道，切勿漫天要价，要把社会效益放在第一位。以仁道得之的金钱是“可处”的，可要的、可享受的，否则应视为不义之财也。

知胜之道：“上下同欲者胜。”打仗要官兵同心，齐力一致，方能打败敌人；做企业亦应如此。企业老板要做到“爱众亲仁”，员工就会“居其所而众星拱之”。这就要求企业家做到时时尊重员工，关心员工，即所谓“人性化管理”。有一天，孔子在朝廷忽然听到他家的马厩失火了，孔子忙问“伤人乎”？不问马。孔子把人的生命放在第一位，实乃伟大啊！今之有些企业家不顾及工人之死活，大赚工人的血汗钱，可恶矣！媒体曝光山西有的煤老板矿难后造假焚尸，逃避罪责，是可忍孰不可忍也！

孟子曰：“人而不得，则非其上矣。不得而非其上者，非也；为民上而不与民同乐者，亦非也。乐民之乐者，民亦乐其乐；忧民之忧者，民亦忧其忧。乐以天下，忧以天下，然而不王者，未之有也。”（《孟子译注·梁惠王·章句下》，第83页。）

孟子之意是说：国王应以百姓的快乐为己之快乐，这样百姓也会以国王之快乐为己之快乐；国王以百姓的忧愁为己之忧愁，百姓也会以国王的忧愁为己之忧愁。国王和天下百姓同乐同忧，天下肯定归国王的了。民为国之本也；企业员工乃企业之本也。企业家与员工同乐，融为一体，忧员工之所忧，真诚为员工排忧解难，员工一定会和企业的兴衰荣辱紧紧联系在一起。

知胜之道:“以虞待不虞者胜。”这是指打仗而言。企业如何做到“虞”?这就是说一个企业要有一定的资源储备,人力资源、物力资源、财力资源等方面要有相当的实力,才能叫做有“虞”,才有竞争力,抗衡力,抵御各种风险的能力。其中最重要的是人力资源的“虞”即准备,应是所有资源中的核心资源,下文将有所论述。国际竞争既凭智力,更凭实力;国内竞争同样如此。兵家曰:“知己知彼,百战不殆;不知彼而知己,一胜一负;不知彼不知己,每战必殆。”中国铁矿石有65%依靠进口,国际竞争之激烈,谈判艰苦之程度难以言表。温州商人在意大利开的鞋店被排挤;中国的服装出口美国遭反倾销摩擦。面对越来越激烈的国际国内市场竞争环境,企业家们应做到未雨绸缪,把握市场动向,知彼知己,“以虞待不虞者胜”。

8.3 攻守之道

孙子曰:“不可胜者守也;可胜者攻也。守则不足,攻则有余。善守者藏于九地之下,善攻者动于九天之上,故能自保而全守也。”(《孙子兵法·形篇》,第24页。)九地:指用兵作战原则,选择有利地形,在地理上有散地、轻地、争地、交地、衢地、重地、圮(pǐ)地、围地、死地。

此指军事行动打仗,能攻则攻,不能攻则守。商战亦如此。尤其是开发销售市场,更须精心研究攻守策略,选择何地区、何单位有利?何时出击(指何时行动)?选派何人适宜?去拜访何人?宣传内容、方式等事项均应作具体研究部署。企业初创期,产品无销路,无顾客,产品质量很可能存在诸多缺陷,这时企业应加大宣传力度,广造舆论,千方百计吸引顾客,这就是进攻的前奏,舆论攻势,产品不急于销售,“藏于九地之下”,蓄势待发。此阶段企业家要亲自率领业务人员跑市场,问计于销售对象,寻找意向用户,把握时机打开市场突破口,选择第一个用户。

企业有了第一个用户,一定要依托首位客户,加大造势宣传,同时售后服务要紧跟,只有好产品才能吸引市场,刺激消费。有了第一个市场用户,要爱护,要精心培育,要像农民种地一样,春播、夏管、秋收、冬藏,此间每一个环节都不能掉以轻心。国内上世纪80年代郑州的亚细亚、河北的马胜利造纸集团、济南的三株集团等轰动一时的企业家们,昙花一现,很快销声匿迹。上述企业家们当时可谓“动于九天之上”,可惜不能自保而全胜也。

当今,国家实行的市场经济,取消以往的计划经济,完全靠企业自身的谋略取胜。目前,各行各业的市场分割基本形成格局,此时一个新的企业要想参与进去分一杯羹,是非常困难的。这就要求企业家善于观察,在缝隙中寻找阳光,遵循孔子“九思”之教诲,慎于言敏于行,定会宏图大展！君子不争,争也君子也!

8.4 修道保法

孙子曰:“善用兵者,修道而保法,故能为胜败之政。”(《孙子兵法·形篇》,第25页。)修道保法:指修明政治,遵守法度。

孙子之言是说:会用兵打仗的军事家,一定善于修明政治和法度,教育兵士自觉遵守军事纪律,所以能够成为战场胜败的主宰者。

孔子曰:“道之以政,齐之以刑,民免而无耻;道之以德,齐之以礼,有耻且格。”政:指政治法度。齐:使整齐。免:避免。格:纠正。(《论语·为政》,第10页。)

孔子之意是说:一个国家如果只用刑法来管理百姓,使他们害怕,只能暂时避免犯罪;但不知犯罪是可耻的;如果用仁义道德教育百姓,感化他们,用礼义制约他们,使百姓有羞耻之心,并且能够自己反省,纠正革除错误。

企业家治理公司,要建立企业文化,制定各种规章制度,用仁义道德来教育员工,使员工知道做人的道理,把“孝悌、仁爱、忠恕、诚信”作为员工的伦理道德观。还要建立严格的规章制度、明确的岗位职责,奖励机制、处罚条例,均应体现“以人为本”。公司管理既有道也有章,做到内固其本以坚,外展其势以柔,这样的公司应是无往而不胜的!

8.5 善忍者胜

孔子曰:“巧言乱德。小不忍,则乱大谋。”(《论语·卫灵公》,第174页。)孔子之意是说:做人不诚实,花言巧语往往败坏人的道德。在小事情上不会容忍，就会招致大事业的失败。忍：形声字，心为形，刃为声。忍的本意指抑制、控制、克制自己的感情或想去干某件事的冲动情绪。由此引申为容忍、忍受。此外，忍字又引申指不顾一切要去做某事(多指坏事情)，有狠心的意思。

巧言的含义，包括爱吹牛，喜欢说大话、空话，乱恭维别人，听的人容易中毒、上了圈套还不知道。巧言具有很大的迷惑性，是搅乱社会正规道德的毒剂。故而企业家勿轻信巧言。

忍耐是一个磨炼人意志的过程。佛教倡导修炼之人要忍受许多苦难，方能修成正果。据传说有一位老禅师修炼了一个花甲，未得慧解，他忍坚持不懈，后来经他人指点，六十年老禅师修得罗汉正果。

南怀瑾先生在《论语别裁》书中说："'小不忍，则乱大谋。'有两个意义，一个是要人忍耐，凡事要忍耐，包容一点，如果一点小事不能包容，脾气一来，坏了大事。许多大事失败，常常都由于小地方搞坏的。一个意思是，做事要有忍劲，狠得下来，有决断……才能成事，否则不当机立断，以后就会很麻烦，姑息养奸，也是小不忍。……处事的时候，'忍'字可做决断用；对人的时候，'忍'应该作'忍耐'、包容的意思来用。"(《论语别裁》，第736—737页。)

日本的崛起，应归功于德川家康。家康的崛起并非一帆风顺，经历无数次磨难，善于忍耐，是家康成功的重要因素。德川家康6岁就离开父母，被迫去做人质。到14岁又被迫和一个自己不爱的女子成亲，但他尽力克制自己，控制满腔怒火，时时提醒自己：不能莽撞发怒。后经过长达几十年的战斗，直到57岁，德川家康才掌握了大权，建立了日本德川幕府王朝，使日本走向统一。

德川家康取胜的原因，在于他具有远大的目标，为实现目标忍受多种磨难。包括他的祖母被卖了五次，丰臣秀吉为了控制德川，强行要家康娶他的已为人妻并生儿育女的43岁的妹妹为妻，家康听到此消息，感到惊讶，也非常愤怒，开始坚决不同意，不久，家康病倒了。后经过激烈的思想斗争，为大谋计接受了丰臣秀吉的联姻，决心和丰臣秀吉打一场持久的战争。经过多年的奋战，家康终于取得了胜利。

企业家和政治人物一样，会遭受同样的命运。企业在发展的过程中，不可能一帆风顺，有成功亦有失败，成功勿开心，失败勿丧气，这时一定要忍耐，不仅忍得一时，还要忍得一世。要慎于言，敏于行，分析失败之原因，总结经验和教训，修正错误，修改方略，以退为进，蓄势而起。

当前，由于全球金融危机的冲击，中国的企业面临严峻的考验，中国出口下降幅度高达17%以上；不仅发达国家而且发展中国家都发起了更多的针对中国出口的反倾销诉讼和反倾销报复措施，针对中国的反倾销措施占世界此类措施总量的45%以上。面对如此严峻的国际竞争形势，中国的企业家门既要忍耐，更要善变，绝不能坐以待毙。

互联网行业盛大公司的陈天桥，在2001年的7月14日，和ACTOZ以每年30万美元的价格签约，他把仅有的30万美金全部交给了ACTOZ公司，此时，他没有钱了，形势十分严峻。陈天桥觉得每天都可能死去。可就在两个月后不久，奇迹发生了：开始收费，网络在线人数迅速突破40万，资金迅速返回，到2003年的净收入达2.73亿元。陈天桥的盛大公司赢了，这说明企业家要忍、要善变即谋略，要敢于探险。善忍者必胜也！

本章小结：本章论述商家取胜之谋略，孔子批评暴虎冯河，做事不讲究谋略，勇而无谋，不可取也；研读孙子兵法知胜之道，论述商家应做到“上下同欲”“以虞待不虞”“攻守取胜”“修道保法”“善忍者胜”。上述谋略乃兵家制胜之法宝，也是商家取胜之圣典。尤其是中国的家族企业一代、二代领军者更应深入领会并运用之。

信守勤
义正勇
仁厚毅
智德忠

九、家族企业经商之道

9.1 父辈创业

世界各国企业应包括私营企业和民营企业，家族企业属于企业范畴之重要组成部分。家族企业不仅具有所有企业的共性，而且还具有一些特殊的个性。它的所有权和经营权在一定阶段、相当长的时期是统一的、不可分割的。它的经营之道，既具有所有企业之共性，也有其独特的个性。

中国的工商企业约有数十万家，其中有相当数量的非公有制企业。家族企业属于私营企业或称之为民营企业的体制范畴，它是社会主义市场经济的重要组成部分。据统计，在大陆非公有制经济中，家族经营的大小企业约占90%以上，全国各地有数百万名城乡劳动者在民营企业里就业，而且民营企业纳税约占国家财政收入的65%左右。所以，研究中国家族企业的发展之道，对国家、对民营企业的生存和兴旺具有非常重要的意义。

在全球范围内，在发达国家里，约有80%的企业被称为家族企业，中国有50%的企业都是家族企业。据统计，早在2003年，中国家族企业在制造业占了38%，商业、餐饮业占21%，这是中国两个最大的行业，几乎接近美国的同行业的比例。

中国的家族企业早在19世纪中叶就出现了，所谓晋商、徽商、浙商、粤商四大商帮，绝大多数都是家族式企业。随着时间的推移，政治形势的变化，相当一部分家族企业随之倒闭；存留下来的私营工商企业在艰难地度日。新中国成立不久，开始了“社会主义改造”，全国上下一夜之间实现“公私合营”，私营业主变成合营公司的人员，国家采取所谓赎买政策，对私营企业股份逐渐收买，家族企业不久销声匿迹了。直到改革开放政策的实施，中国的私营企业又获得了春天。

世界各国的家族企业，大都是由家族中的父辈们创办的。早在18世纪，法国汪代尔家族企业、德国的哈尼尔家族企业、西门子公司、意大利的法尔克家族企业，美国的杜邦公司，日本的丰田公司等，都是这些家族第一代创办的。中国的家族企业亦是如此，四大商帮及新中国上世纪80年代兴起的家族企业几乎都是由父辈们创建的。

世界各国家族企业之中的父辈们，善于抓住机遇，经商办实业，求财致富，是成功之道的首要前提。在创业初期，必须勇于拼搏，善于利用各种资源，克服困难，如18世纪法国的让—丁·汪代尔开始在洛林的军队服役任上尉，后来动用了妻子的陪嫁钱，买了一个炼铁小工厂，借此炼铁厂逐步发展起来。汪代尔善于联系法国政府和贵族，积极取得支持。不久开始生产并销售军火，由于汪代尔家族炼铁厂地处法国的最东端，后来受到奥地利和英国的联合攻击，生产受到很大的影响。1737年，让—丁·汪代尔去世，他的大儿子夏尔·德·汪代尔继承了炼铁厂，直到1784年病逝，他的长子伊格纳斯·德·汪代尔继承了家族企业的经营管理大权。

伊格纳斯·德·汪代尔经历了法国大革命的动乱，1792年10月他逃离法国到卢森堡，躲在一个小镇，开了一个小炼铁厂，不久被大兵捣毁，汪代尔家族产业于1793年12月被查封。1795年4月，伊格纳斯·德·汪代尔由于服用过量鸦片，死在德国的图林根森林的一个角落里，人们发现了他的一份简短遗书："名誉对我的家族至关重要。再见了，我的孩子们，希望你们的一生不要像你们的父亲那样不幸。"（美国：哈罗德·詹姆斯著，暴永宁译：《家族企业》，生活、读书、新知三联书店，2008年5月版。）

后来，汪代尔家族的第四代弗朗索瓦·德·汪代尔竟然同自己的两个哥哥为家族财产打官司，历经曲折，直到20世纪末，一步一步地向前发展。

德国和意大利的那两个家族企业，也在几经磨难之后得到相当的发展。尤其是德国的哈尼尔家族企业，它不像法国的汪代尔家族，紧紧依靠法国政府的支持，而是靠家族创业者和继承者们艰苦的拼搏，勤劳奋斗，坚持不懈，得以生存和发展。

德国的西门子公司、美国的杜邦公司都是世界有名的家族企业。

中国现代家族企业典型代表之一，要数李嘉诚先生的长江实业公司。早在20世纪初，李嘉诚先生开始在外国人办的一个塑胶厂当学徒，工作之辛劳，常人难以忍受，但李嘉诚先生坚持做下去，边做边研究塑胶制品的技术工艺。经过他潜心钻研，逐步掌握了塑胶花的生产技术工艺，自己开始创办塑胶制品厂。生意越做越好，不久成立了长江实业公司，李嘉诚亲自担任董事长，他的两个儿子李泽楷、李泽钜已在他的精心培养下，逐步成才，并且各人创办了自己的实业公司。李嘉诚先生的求财求富之道可概括为勤劳、俭朴、开拓、诚信，此乃中国家族企业创业者们的共同品质。在创业者退休之前，要做好子女继承的准备工作。

9.2 子女继承

在《论语》二十篇里，孔子及其门人的言论中，可以说处处都体现出“情”字。情：形声字，心为形，青为声。情的本意指“人阴气有欲者”，即指人的喜、怒、哀、乐、惧、爱、恶、欲等诸方面的七情心理状态，后特指爱情。从先天就有的感情引申为事物的本来状况，又引申为个人私情、情面。（参见《新华大字典》，第1037页。）

亲情乃一切动物都具有的特质，父子（女）血缘之亲情是任何力量割不断、摧不毁的，全世界所有国家，所有种族的人，都具有血缘之亲情。叶公语孔子曰：“吾党有直躬者，其父攘羊，而子证之。”孔子曰：“吾党之直者异于是：父为子隐，子为父隐——直在其中矣。”（《论语·子路》，第143页。）直躬：坦诚、直爽。攘：偷窃。证：作证、告发。

叶公对孔子说：我们那里有个坦诚、直率的人，他的父亲偷了别人的羊，他却去官府告发。而孔子说；我们那里直爽、坦诚之人和你们那里的人不一样，如果儿子有过错，父亲替儿子隐瞒，如果父亲有过错，儿子替父亲隐瞒——这就是我们那里的直爽。

父子互隐的根本原因，就是由血缘亲情所致。断亲情就等于断十指。所谓大义灭亲，可能是极少数人在非常特殊的情况下，为权为利父子兄弟相残，留得千古骂名。唐太宗李世民雇凶弑亲兄弟太子，史称为“玄武门之变”，篡得帝位，后虽出现大唐鼎盛，令世人称颂，但李世民弑兄夺位之举，应视为“不悌”之举，应予以否定也。孟子弟子陶应曾问孟子：舜做天子，皋陶做法官，假如舜的父亲瞽瞍杀了人，法官要处理，怎么办？孟子回答：把他抓起来吧。难道舜不阻止吗？这时舜抛弃天子之位，为父可以辞去帝王，“盗负而逃”，背着老父逃到很远的海滨住下来，“终身䜣然”（䜣xīn，同欣），一辈子都非常快乐，把曾经做天子的事情都忘得一干二净，这是何等高尚的亲情！

中国人讲究亲情，外国人也同样讲究亲情。英国中世纪哲学家亚当·斯密说过：“对于子女全无温柔慈爱的父母，对父母全无孝顺尊重的子女，会被认为是怪物，不仅是人们憎恶的对象，而且也是人们恐怖的对象。”亚当·斯密还说：“家族性格，就像家族容貌那样，似乎也有一部分是由于血脉相连的缘故，而不完全是情义相连的缘故。至于家族容貌的相似性，无疑完全是由于血脉相连的缘故。”（《道德情操论》，第277、282页。）

所以，父辈创业，子女继承，是合乎人之情理的；有些国家制定了“继承法”，用法律规定子女继承父业的合法性。至于像比尔·盖茨先生把500多亿美元捐献给慈善基金会，只给子女留少许资金的做法，目前在世界家族企业为数不多。有些美国富人要求子女年满18周岁就得自立，这对培养孩子们无疑是有好处的，但是往往割断了亲情，把人的亲情变成赤裸裸的金钱关系，一切以金钱为手段，人之亲情演变成了自私自利、无情无义之徒。

家族企业产权如何继承？按照国家法律规定，儿子和女儿均有合法的继承权。因子女都是父母所生，都有血缘之关系，只是儿子可能继承的财产往往多一些。在产权分配之前，父母要多和孩子们沟通，先听取意见，再行决定，免得子女之间亲情破裂。因几千年的习惯所致，女儿出嫁给外姓了，儿子成家结婚生子，经济负担会越来越重，父母牵挂乃情理之中。如果只有一个孩子，不论男女，只能是唯一的继承人了。

案例:某家族企业财产分配案例(财产为100%)

子(已婚,三个孩子):30%;长女(已婚,三口之家):19%;次女(已婚,三口之家):19%;小女(当时离异单身,无劳力,身边一幼子):20%;父母:12%。因小女当时为离异单身,且须抚养儿子,故哥哥和两个姐姐同意她多1%股份。父亲创业之财产,经过充分协商,变成五人股份了,由原来父亲一人做老板,转变为五个老板了,并组成股东会,作为公司的权力机构。在股东会上,每个股东都有话语权和表决权,但对子女的权利要制衡。

9.3 权利制衡

子承父业之后,子或女一人当上家族企业的法人代表——董事长或总经理。这时如何制衡他们的权利?是父辈须慎之又慎的一件大事。首先,要合理分工,明确职责,各司其职,各负其责。除了强调职责,更要强调“孝、悌”之亲情,即使子或女当上了公司一把手,也仍须牢记古之先圣“入则孝,出则弟,谨而信”之教诲,这是从伦理道德上制约子女权利的重要内容。

其次,要保留父辈的否决权。在家族企业里,子或女要有人管理制约,防止他们的权利过当,甚至于胡作非为。要教育他们自觉接受员工监督,这往往是很难做到的;因此,只要父辈健在,父辈就要主动监督子女的作为,尤其是在关乎公司重大战略决策上,丝毫不能听之任之,一定要牢牢把握子女之前进方向。父辈虽不在其位,但仍要关心子女之作为,要从侧面静观子女处事之方,发现不好苗头,要及时纠偏,避免偏离经商之正道。

父亲和子女之间要多沟通。父辈作为家长,在家庭、在公司都有相当的权威,所谓“严父慈母”,子女大都怕父亲,在父亲面前不敢多言。这时,作为父亲即“族长”,要主动和子女多接触,多沟通,发现问题及时沟通,主动沟通,耐心沟通。子女工作犯了错误,要和谐沟通,不要指责,“赦小过”,且在众人面前要主动为子女承担责任。

要教育子女自觉接受公司党组织的监督,要理顺董事会和家族企业里党组织的关系。在家族企业里建立党的组织——支部或总支部,非常必要,它一方面教育公司里的党员起模范作用、带头作用,积极促进公司的发展;

同时，又积极参与公司的重大决策，有利于家族企业的发展。

教育子女尊重员工，谨记孔子之教诲："出门如临大宾，使民如承大祭。"(《论语·颜渊》，第125页。)要认识到员工的作用，广大员工是家族企业物质财富的直接创造者，是他们不分春夏秋冬，辛勤劳动，为国家和企业创造财富，为公司、为老板积累资金，所以要尊重员工，要积极倡导员工参与公司管理，让员工有表达权、诉求权、知情权，要鼓励员工敢于大声说话。家族企业里要建立工会组织，主动请工会领导人参与公司管理，听取广大员工的呼声，为民多谋利益。

总之，家族企业里的权利制衡一定要有序、稳妥，保证"富二代"沿着正确的致富之道前行；并且要"富之教之"。

9.4 富之教之

子适卫，冉有仆。子曰："庶矣哉！"

冉有曰："既庶矣，又何加焉？"曰："富之。"

曰："既富矣，又何加焉？"曰："教之。"(《论语·子路》，第139页。)

鲁定公十四年，因齐国闻鲁而惧，齐君曰："孔子为政必霸。"于是挑选齐国美女八十人，文马三十驷，遗鲁君，季桓子微服往观再三，将受，乃语鲁君为周道游，往观终日，怠于政事，和季桓子三日不听政，孔子随行适卫。他的学生冉有为孔子驾车服务。当时师生有一段对话。卫国政治很稳定，百姓乐业安居，很富有，孔子称赞卫国人很多，亦很繁荣。冉有问孔子：人多了之后又做什么？孔子说：要使他们富裕起来。冉有又问：富裕后做什么？孔子说：要使他们受教育。

陈树德先生在《论语集释》一书【考异】：春秋繁露仁义法篇曰："孔子谓冉子，治民者先富之而后加教。"子贡问政，孔子曰："富之。既富，乃教之也。……教之以德。齐之以礼。"……【考证】管子治国篇："凡治国之道，必先富民，富民则易治也，民贫则难治也。奚以知其然？民富则安乡重家，安乡重家，则敬上畏罪，敬上畏罪则易治也。民贫则危乡轻家，危乡轻家则敢陵上犯禁，陵上犯禁则难治也。"(《论语集释》，第905—906页。)

《孟子·滕文公·章句》篇:“设为庠序学校以教之。庠者,养也;校者,教也;序者,射也。夏曰校,殷曰序,周曰养;学则三代共之,皆所有明人伦也。人之有道也,饱食、煖衣、逸居而教则近于禽兽。”(杨伯峻:《孟子译注》,第118、125页。)(庠:xiáng中国古代乡学。)

孔孟先哲们早在2000多年前,就看出“富之教之”的重要性,关乎国家社会之安危。正所谓:百年大计,教育为本。一个国家政府,只重视经济,不重视教育,经济亦不能长久发展,社会不会安定;一个人只贪图安逸,不接受教育,近乎于禽兽也。

孟子曰:“君子有三乐,而王天下不与存焉。父母俱存,兄弟无故,一乐也;仰不愧于天,俯不怍于人,二乐也;得天下英才而教育之,三乐也。君子有三乐,而王天下不与存焉。”(杨伯峻:《孟子译注·尽心·章句上》,第309页。)(怍:zuò,羞愧,惭愧。)

据考证,“得天下英才而教育之”,这是中国古代文献最早出现的“教育”二字连成为词。有些古籍把“教”与“育”分开来解释和使用,如《说文解字》:“教,上所施,夏所效也;育:养子使作善也。”《礼记·学记》:“教也者,长善而救其失者也。”《中庸》:“天命之谓性,率性之位道,修道之谓教。”《荀子·修身》:“以善先人者谓之教。”(胡德海著:《教育学原理》,第215页。)

教育的目的在于培养德、智、体、美全面发展的建设人才。西方有一位叫夸美纽斯的教育家曾说过:“教育在于发展健全的个人。”他认为:“只有受过合适的教育之后,才能成为一个人。”

法国启蒙思想家、教育家卢梭(1712—1778)说过:“植物是由栽培而成长,人是由于教育而成为人。”他又说:“我们生而软弱,因而需要力量;生而无能,因而需要他人帮助;生而无知,因而需要理性。所有我们生而缺乏的东西,所有我们赖以成为人的东西,都是教育的赐予。”(胡德海著:《教育学原理》,第215、216页。)

教育在国民经济建设中的作用是非常明显的。日本国早在明治维新时期,就十分重视并实施国民教育,极大地促进了日本经济的发展。从1905年到1960年,55年间,整个国民收入增加了977倍,教育经费增加了2286倍。

中国家族民营企业第一代创始人的文化素养,参差不一,受过高等教育的人目前为数不多,尤其是江浙一带的民营企业创始人,大部分只有初中文化,被世人称为草根经济的企业家。民营企业家有钱,家庭富裕,子女不愁吃穿。要想第二代传承接班,必须认真做好"富之教之"的立人工作,此乃家族民营企业兴旺发达的千秋大计!家族企业的创始者对此必须有高度的认识和具体的教育方略。

要设置"富之教之"的科目。应根据家族二代文化知识状况而定。但首先要教育孩子"先之,劳之""无倦"。古人云:国清才子贵,家富小儿骄。意思说:家庭富有,孩子容易骄娇,饭来张口,衣来伸手;更有甚者,有些富家之子弟成为纨绔之徒。所以,教育孩子先做人,"先天下之忧而忧,后天下之乐而乐"。理解父辈创业之不易,求富之艰辛。还要做到"劳之",谨记"劳则思,思则善心生;逸则淫,淫则忘善,忘善则恶心生"。一个人必须经过劳动磨炼,炼吃苦,炼忍耐,炼品格,养善心。只有经过相当时间的"劳之"磨炼,二代们才能悟出做人之真谛。当父辈退居二线之后,他们已具备了接班的基础条件,既具备了"无倦"的思想,做到"一沐三握发,一饭三吐哺",谦虚谨慎,善待百姓,善听众言,是父辈们最为期待的。

"富之教之",除了教育子女学做人,还要教他们学做事。做事要有知识和技术,要学现代社会科学、企业管理科学及相关技术科学。教育子女努力做到"君子不器",谨记"文、行、忠、信",弥补父辈科学知识之不足,把家族企业传承下去。

人类社会进入20世纪,现代科学技术飞速发展。有人统计:19世纪科学知识每增加一倍需要50年时间,到了20世纪中叶,只需要10年,到70年代只需5年,到80年代只需3年时间。有专家把科学分为基础科学、技术科学、应用科学三大门类,这三大科学之间互相交叉,互相影响,互相依存,结合紧密。所以,企业家要把教育子女的眼光放大一些、远一些,使子女们胸怀大志,立足当前,既要努力做到"不迁怒,不贰过",又要努力做到"闻一知十"。

德国的西门子家族企业从成立到现在,已经历了160多年,仍然兴旺,究其原因,家族传人的文化素质大概起了关键作用。

家族企业不仅要教育子女接受教育,学得科学知识,还要把公司员工的教育培训放在十分重要的位置。

员工培训要因人而异,分层施教,因材施教。公司高管团队应安排高级别培训,既有学历深造,知识更新,又有管理实战的培训,使家族外的高管精英们和家族二代子女享有同等的受教育权利,努力做到教育公平。

要十分重视技术、市场、生产一线员工的培训教育,使之成为公司各个部门的技术精英、营销尖兵、生产能手;要大力培养技工、技师,使他们成为生产一线切磋琢磨的能工巧匠,使公司制造出来的产品具有竞争力。

要制定公司员工的伦理道德行为规范,并大力宣传。如某公司制定的员工伦理道德价值观为:孝悌、仁义、忠恕、诚信。言简意赅,既有对家庭父母兄弟之情,也有对公司社会之义,更有做人经商之最起码的道德——诚信。也就是说,公司既要抓"术"的培训,提高员工的技能,也要抓"道"的灌输,提高员工的品格和思想素质。只要有一批战无不胜的员工队伍,遇到再大的风浪,也"胜似闲庭信步"。

9.5 德本财末

孔子和弟子多次讲到"仁"字,此乃儒家思想道德的最高标准。"泛爱众而亲仁""仁者爱人"等语,在《论语》二十篇里出现100多次。

家族企业富有之后,如何真正做到"泛爱众而亲仁"? 这就要深入理解"德"与"财"之关系。

《大学》书中云:"道得众则得国,失众则失国。是乎君子先慎乎德。有德则有人,有人则有土,有土则有财,有财则有用。德者,本也;财者,末也。外本内末,争民施夺。是故财聚则民散,财散则民聚。是故言悖而出者,亦悖而入;货悖而入者,亦悖而出。"(王国轩、张燕婴、蓝旭、万丽华译:《四书·大学》,第112页。)

任何一位再有本事的企业家,离开员工的支持和奋斗,也是绝不可能发财致富的。即便在开始创业初期，也一定有或多或少的参与者，有人可能出资，多数人出力——劳动力，他们把原材料经过加工，转化成产品——商品——货币。此时的货币肯定大于老板投入的货币资本，因为这里面扣除成本后，尚有一部分剩余价值，即利润。这个利润部分有老板一份，即资本增殖；但绝不能看成老板们（股东）自己所有。所以从企业价值的形成过程来分析，任何一个公司的财富，应该是投资人的资本和全体员工（含企业家）辛勤劳动的结果。同时，还有政府社会的支持。

马克思曾经指出："劳动是工人本身的生命活动，是工人本身的生命表现。工人正是把这种生命活动出卖给别人，以获得自己本身所需的生活资料。"（《马克思、恩格斯选集》，人民出版社1973年5月版，第354页。）一些私营企业家如何理解马克思之论述，正确认识公司财富之积累过程，善待所有为家族民营企业作出贡献的全体员工，切勿"为富不仁"，勿学勿做"悭吝人"，勿做本末倒置之事。否则，你的财富将"亦悖而出"，员工尤其是公司人才将离散而去矣。有德则有人，有人则有财，有财则爱众，爱众则亲仁。失德则失人，失人则失财。此谓之"财聚人散，财散人聚"也。

本章小结：本章主要论述家族企业的相关内容。共五节，第一节论述父辈创业，第二节论述子女继承，第三节论述权力制衡，第四节论述富之教之，第五节论述德本财末。第四、第五两节应是本章的重点内容所在。不论是民营家族企业，还是国营企业，股份公司，都有着企业文化建设、人才培养的问题。只有正确处理好德与财之本末关系，才能使一个企业可持续创新与发展。

十、创新之道

10.1 深渊与薄冰

曾子有疾，召门弟子曰："启于足！启于手！《诗》云：'战战兢兢，如临深渊，如履薄冰。'而今而后，吾知免夫！小子！"（《论语·泰伯》，第79页。）启：看，视。履：践，踏薄冰小心前行。

曾子有病了，叫他的弟子看看他的手和足。此时，曾子引用《诗经》之语，教育弟子们为人做事要小心谨慎！就好像到了很深的水潭边，不小心谨慎就会掉下去淹死的；又好像行走在薄冰之上，不十分小心谨慎就会踩破冰层，陷进冰冷的水中。这是曾子告诫弟子们时时要有危机感，做事要时时处处"战战兢兢"，不可掉以轻心。

《周易，履卦第十》【履】：履虎尾，不咥人，亨。咥(dié)：言犹咬，意思是指借人行走于老虎之后，不会被虎咬伤，人能小心行走。"履字之义，谓物畜然后有礼，故受之以《履》。"《尔雅·释言》："履，礼也。"含有践履不可违礼之意。……人之行履……则兼有小心循礼而行的意思。据此，今释'履'为小心行走。"（黄寿其、张善文译著：《周易》，上海古籍出版社2008年3月版，第68页。）

《周易》坤卦第二《象》曰："履霜坚冰，阴始凝也；驯致其道，致坚冰也。"（《周易》，第19页。）此卦说明深秋季节到来了，下霜了，此时离结冰不远了，踏着霜将迎来坚冰，阴气已经凝聚，人们要顺应天气季节变化之规律，小心谨慎，定会转阴为阳的。

中国的现代化经济建设，是在非常困难的国际大环境下艰难而行的。随着中国经济实力的不断增强，国际威望不断提高，不时遭到国际上一些人的嫉妒，他们寻找种种借口，对中国出口贸易实行反倾销，给出口企业施加压力，因此，2009年中国出口贸易额大幅下滑；与此同时，国际反华势力经常制造麻烦，他们支持民族分裂分子的捣乱活动，不时制造事端，干扰国家主权和建设。

中国一衣带水的邻邦——日本国的三井财团，包含了日本的丰田、东芝、索尼、松下、三洋、NEC都是它的体系成员，从基础制造业、高科技产业、能源矿产，三井财团早已在中国展开了令人震惊的巧妙渗入。对此，白益民先生进行过长期的跟踪调查，发现上述日本的众多企业虽然它们之间有这样那样的矛盾，但在对中国经济蚕食上，步调是一致的。白先生著的《三井帝国在行动——揭开日本财团的中国布局》，是目前研究日本企业海外经营谋略的一本好书。（此书由中国经济出版社于2008年9月出版。）

日本财团把中国的宝钢称为他们的成员企业；日本的索尼公司要把上海电气打造成“中国的索尼”；日本人把中国的“和谐号”称为“新干线”，这又与台湾的“新干线”有何联系？日本企业操纵让中国航油输掉5.5亿美元。（资料来源：白益民著《三井帝国在行动》。）

上述日本三井财团对中国的经济入侵的案例，是鲜为人知的。因此，中国的企业家们要“九思”，要学习，要认真研究对策。靠武装打败中国是不可能的了，改变方法打败中国的危险是存在的。

中国国内存在着政治体制与经济建设不相适应的现象。有些党员党风不纯，官僚政府机构庞大，冗员过多，严重影响企业尤其是民营企业的积极性。

中国企业家自身毛病多多，有些企业家思维僵化，目光短视，缺乏创新观念，且不懂商业游戏规则；有些企业家心理情绪浮躁，盲目求大，自不量力；有些企业家利欲熏心，缺乏最起码的商业道德，不择手段赚钱，缺乏公众意识、社会责任和品德。

公司内部会经常出现危机，如产品质量缺陷，或遭顾客投诉，或受到国家质检部门通报批评，影响市场销售；如供货不按合同约定，货款回收困难，公司资金链断档；或天灾人祸，造成停产；或技术骨干"跳槽"，带走技术文件资料；或销售业务人员离去，带走公司客户资源，凡此等等。遇到上述问题，老板该如何处置？所以，每一个企业要建立危机管理防护办法，现代流行语叫"预案"，即公司利益保护层。

上述国际、国内环境制约中国企业的发展，企业本身亦存在诸多缺憾，所有这些问题都是不会在短期内所能解决的。

企业的运转犹如季节之变换，时晴时阴，时顺时逆。目前，中国的国有大企业是靠国家的4万亿元投资拉动的，扩大内需消费促增长，保稳定；中小民营企业缺资金、缺人才和技术，全靠自身奋斗，在激烈的市场竞争中求生存，2008年仅广东省东莞市私营企业关闭了8000多家。所以，中国的企业家们要时时感到"如临深渊，如履薄冰"，要有危机意识。一旦公司出现危机，要有冷静的心态，努力做到视思明，听思聪，言思忠，事思敬，疑思问，多闻阙疑。只要小心谨慎，就不会掉进深渊，就能以轻功踏过薄冰。紧紧依靠公司之人才团结奋斗，就定能战胜危机，取得成功！

10.2 人才三本

一部《论语》，可谓是一部极好的人力资源教育哲学。在二十篇15000多字的经典论述里，每一章节、每一句话，都是在讲做人的道理。做人既要有仁德，还要做到"君子不器"。"器"：器具也，器具要多用途；引申就是指"才"，才能、本事，知识，办事能力。孔子弟子三千，贤者七十二。孔子称子贡为"器也""瑚琏也"，即是指子贡的才能。后来，子贡"不受命，亿则屡中"。游说于诸侯国之间，是一位称职的能言善辩的外交家。

孔子把他的学生们的才能大体分为：德行科、语言科、政事科、文学科。孔子选用人才，是选“先进于礼乐，野人也”。这些所谓“野人”是没有爵位和工资的普通老百姓，非卿大夫之流。

古往今来，历朝历代的统治者，要治理国家，就要选用人才。中国历史上曾有过几种用人制度：早在三皇五帝时期，采用“选贤任能”，殷周时期的“世卿世禄”，秦汉时期的“察举征辟”，魏晋时期的“九品中正”，隋唐时期的“科举考试”，后来出现的“唯才是举”。而在中国历史上第一个提出“唯才是举”口号的思想家，就是墨子。

墨子

伟大的孔子离世不久，大约在公元前480年前后，墨子降生于世。据史学家考证，墨子故里应在山东省的滕州。墨子主张，社会及政府机构，应向有才能的人开放。他说：“故古者圣王之为政，列德而尚贤。虽在农与工肆之人，有能则举之，高予之爵，重予之禄，任之以事，断予之令！”（舒大刚著：《墨子的智慧·尚贤》，中央编译出版社2008年4月版，第23页。）

墨子尚贤，有两句名言："尚贤为政之本"，"归(馈)国宝不若尚贤而进士。"他把尚贤摆在国宝的位置，是实现国家大治的根本保证。"贤士不可不举。儒家经典《大戴礼记》曰："仁者莫大于爱人，知(智)者莫大于知贤，政者莫大于用贤。有识之君修此三者，则四海之内拱而视之。"(舒大刚著：《墨子的智慧》，第26页。)

如何尚贤？墨子强调尚贤三本，要识才、要用才、要惜才。墨子认为：贤者有三端——德、言、术，曰："况又有贤良之士，厚乎德行，辩乎言谈，博乎道术者乎？此乎国家之珍，社稷之佐也。"(《墨子的智慧》，第29页。)

墨子认为，尚贤有三本，他主张"富之贵之，敬之誉之"，"高予之爵，重予之禄，任之以事，断予之令"。"何谓三本？曰：爵位不高，则民不敬也；蓄禄不厚，则民不信也；政令不断，则民不畏也。故古圣王高予之爵，重予之禄，任之以事，断予之令。"(《墨子的智慧》，第30页。)

墨子论古之人才三本，今之可效法也。治国为政，须用贤才，用清官，则民信之、服之、拱之。企业尤其是民营企业，更须选贤任能，大胆地招聘贤人，方能汇聚贤才。"国者莫大于用贤！"

哀公问曰："何为则民服？"孔子对曰："举直错诸枉，则民服；举枉错诸直，则民不服。"(《论语·为政》，第17页。)哀公：鲁国的国君，姓姬，名将，"哀"是谥号，他是鲁定公的儿子。何为：为什么。服：服从。举：选拔，举用。直：正直。错：通"措"，放置。诸："之于"，在它的上面。这里孔子讲的是选拔正直之人执政，企业管理概莫如此也。

任何一个企业，要发展、要创新，首先要选用好懂得企业管理的人才，尤其是公司的高管人才。他们不仅要具有正直、仁义沉稳的优良品质，还要具有强烈的创新思维和胆略，凡事"九思"，不浮躁，不僵化，不自私，这是企业高管人员的必备素质。对选聘人才要给予丰厚的薪酬待遇，还要授予一定的权力，履行约定的职责，并要坚持考核，优秀者老板可给予"身股"即公司年终红利。

某公司聘请高管薪酬方案：

基本工资+职务岗位津贴+绩效考核+身股(红利)。人在红利在，人走红利无,并用劳动合同约定。

其次,要配备好公司中层执行团队。"赢在中层",中层管理人才是公司计划的实践者、执行者,公司高管的决策、计划,全靠中层干部带领基层员工去完成。所以,企业有了优秀的高层管理人才团队,还必须有一批具有良好素质的中层执行团队干部,带领员工拼搏,这样的公司是完全能够宏图大展的!

对公司高层干部和中层执行干部,要制订较长期的培训计划,不断提升他们的管理水平,不断增强决策能力、沟通能力、执行能力。高、中层之间互相之间要努力做到"三要三不要",即要主动沟通,不要推卸;要及时沟通,不要梗塞;要和谐沟通,不要指责。要积极引导管理团队树立创新思维,研究公司发展战略,制定战略创新目标。

10.3 战略创新

上节论述了企业老板要有危机感,要依靠公司高管团队带领员工,战胜危机。这就要认真研究企业的发展战略,战略方向对头,企业就会继续前进,方向不对,逆向而行,偏离越大。

何谓战略?世界管理大师杰克·韦尔奇说:企业"战略不过是鲜活的、有呼吸的、完全动态的游戏而已。它是有趣的、迅速的,是有生命力的"。"真实的生活中,战略其实是非常直截了当的。你选准一个努力方向,然后不顾一切地实现它罢了。"(杰克·韦尔奇著:《赢》,中信出版社2007年9月版,第153页。)

韦尔奇先生描述企业发展战略定义,用了几个拟人的词语,强调"战略"是"鲜活的""有呼吸的",并且是"有趣的、迅速的,"这是积极的思维方式的体现。要求企业家在研究制定公司发展战略时,思维不能僵化、死板,要把企业战略看做人一样具有生命力。

韦尔奇指出:"战略完全是围绕自己的产品展开的。……战略完全是围绕自己的服务展开的。"(《赢》,第154、155页。)这里强调公司制定战略要把握两点:一是紧紧"围绕自己的产品",二是紧紧"围绕自己的服务"。企业服务于社会和顾客,首先是公司的产品。卖什么产品才能赢得顾客?才有竞争力?才能获得效益?企业家从投资办厂那一刻起,就应有明确的目标,设定这个经营目标,就是你开公司的经营战略。

韦尔奇还指出:“战略其实就是对如何开展竞争的问题作出清晰的选择。”“当你思考战略的时候,要考虑反大众化的方向。要尽量创造与众不同的产品和服务,让顾客离不开你。”(《赢》,第155、157页。)这里说的“反大众化的方向”即是产品的差异化,就是企业界常说的“人无我有,人有我优,人优我转”,用优质产品吸引顾客,刺激顾客购买欲;要逐渐使公司的产品远离大众化,“而靠创造高附加值的产品越近越好”(韦尔奇语)。用真诚的售前、售中、尤其是售后服务,让顾客满意,使顾客离不开你。“让顾客回头”就是公司战略的成功与胜利!

公司如何制定发展战略?

首先,要制定大方向规划,“找到聪敏、实用、快速的能够获得持续竞争优势的办法。”这个办法要求“聪敏”、不繁琐,人人能听懂,人人一学就会,一看就能明白;制订的办法要实用,要可行,要符合公司实际;还要“快速”,强调办事效率,“与时消息”“与时俱进”。这三个方面作为制定企业战略,获得持续竞争优势的必要条件。

其次,用合适的人做合适的事。企业里员工多多,事情多多,选择合适的人去做合适的事,才能确保成功。公司战略再好,是死的文件,只有靠人去执行,去激活,才能把它变成“鲜活的”“有呼吸的”东西。选对人才能做对事,这是常识,这就要求不能任人唯亲,要唯才是举。本章第二节已作论述。

第三,制定公司发展战略规划之后,企业家要不断探索实践规划的最佳方法,并不断总结实践的经验。“要学会去追寻它们,并且还要不断提高。”(韦尔奇语)这就要求建立良好的学习型企业文化,才能保持持久的竞争优势,“以不屈不挠的态度改进和执行”。(韦尔奇语)

第四,制定发展战略,要留有一定的余地和宽度,保持不断有新的项目补充到规划里来。杰克·韦尔奇说:“我们的战略之所以有这样的生命力,最主要的还是因为它建立在如下两个牢不可破的原则上:大众化是糟糕的,人才决定一切。”(《赢》,第156页。)这说明公司要不断创新,要下力气开发新产品，逐渐远离大众化的产品，要不断有新的产品和服务，满足市场和顾客新的需求。

10.4 管理创新

何谓管理？世界级管理大师彼得·F.德鲁克说："管理是现代机构的特殊器官。"(《德鲁克管理学》，东方出版社2009年8月版，第237页。)管：是形声字，⺮为形，官为声。管的本义是指竹制的类似笛子的乐器。后泛指管状的东西。也泛指箫、笙、竽、笛等竹制乐器。一说管的本义指竹管或竹管制成的物品，引申为管状物或管乐器等。古代的钥匙成管状，因此，钥匙也称为管。由此引申为管理、负责。也表示过问、干预。又表示约束、适合规矩。管：还有保证、负责供给的意思。理：是形声字，王为形，里为声。理的本义是指顺着玉的纹理剖分它，或把它从石头中分割出来，即治玉。引申为治理、办理，又引申为经过治理，使原本乱糟糟的事物整齐，旧时多指天下太平。也指处理诉讼案件。还引申为一般物体的纹理，又引申为抽象的道理。理：作动词时，又表示对别人的言行作出反应。(《新华大字典》，第741—742页。)

德鲁克先生给"管理"下的定义有如下三层意思：

A.管理是器官；

B.管理是机构的器官；

C.管理是现代机构的器官。

"器官"只有动物才有，人是有灵感的高等动物，故人的器官的作用与低等动物的器官的作用不同。人的器官在于"九思"。"九思"的过程即是人的器官观察事物、治理事物的过程。所以，人的器官的作用，是治理事物的。也就是说，管理由一批人来实施，故可把管理活动理解为人们的器官活动。

管理是机构的器官，机构应是指社会团体及其内部的组织。任何一个团体都需要有懂得管理的人来管理，尤其是乱糟糟的机构或团体，更需要有能人来管理、治理。小到一个家庭，也是一个机构，也需要管理。任何机构都离不开管理，而任何管理都离不开器官。只有人才能从事管理，因为人有眼、耳、鼻、舌、身、意，佛教称之为"六根六识"，所以，管理是机构的器官。

管理是现代机构的器官。这里，德鲁克先生强调管理要适应现代社会发展的需要。有人类社会就有管理，只是由于古代社会生产力水平低下，分工不精细，科学技术不发达，当时人虽然有器官，但那时的管理应是简单的。现代社会纷繁复杂，人的器官虽然还是与原始人同样多，但发挥的作用却超过古代人的器官作用好多倍。现代机构更需要管理，即更需要具有高智商器官的人去管理。尤其是现代企业，须臾离不开一批善于“九思”的管理团队去管理。

企业是什么？是为社会提供商品和服务的组织。企业要为社会提供商品和服务，就要有一个管理层，这个管理层就是企业的具体器官。如果只有企业，没有管理人员和生产商品的工人，这个企业里设置的机构肯定是虚的，就无法为社会提供商品和服务。而由一批人组成的团队才是实实在在的。机构里所有活动，都是“鲜活的人”在组织实施的。凡是机构都需要管理，无机构无需管理，管理和机构共存、并行，如同人体各器官共存于人身。一个人死亡了，他的器官即消失了。器官为人之身体服务，身体是器官的载体，人体假若少了一个器官，人的活动会受到一定的影响；任何企业若无器官为管理机构服务，也就是没有具有“鲜活器官”的人来管理企业，这个企业就会倒闭。所以，如何发挥企业管理层器官的积极作用，把企业管理好？这是企业能否生存、发展的关键。

企业如何管理？目前，中国内地著名的商学院约有数百家，企业经济管理著作多达数千种。商学院里研究企业管理的学者、教授著书立说，大量出版发行，充斥各种大小书店里的货架。细看之，实用者不多也。因为著书者多无办厂经商之实战经验，故所写之文章空论较多。

我自己从事中学教育多年，早在1986年春，我担任一个县级市职业高中校长期间，用15000元创办了一个为职高机电班、财会班学生实习的汽车修理厂。经过20多年的发展，目前有员工300多名，资产总值过亿元。从办厂初期只能简单修理普通货车，到后来研制为公安消防部队装备服务的灭火救援消防机器人等，品种达60多个，其中获得国家专利的产品20多项。目前，年销售额可达22000万元，上交税金近千万元。

集20多年的办企业之经验，亦能总结出若干经验，但其中最主要的一点，我把它归结为坚持不懈地创新。

何谓创新？首先，是企业家的观念不能僵化，不能因循守旧，不能固步不前，要牢记不创新即灭亡，坚持创新永不停步。中国近代有四大商帮，即晋商、徽商、浙商、粤商。四大商帮中的晋商和徽商，开始经营与百姓生活直接相关的食盐。后来，食盐为官府所办，徽商即逐渐停止了经营活动；而晋商却开启了票号，且得到官府的认可。做得最成功的是浙商里的宁波商帮，广东粤商里的潮州商帮。大概是因为这两个地方都靠近海洋，近水，正如孔子曰："知者乐水，仁者乐山。知者动，仁者静。知者乐，仁者寿。"(《论语》，63页。)意思是说：有智慧聪敏的人，喜欢水；有仁义之心者，喜欢大山。水之川流不息，近水而居者的性格好动也；如英国、西班牙等欧洲国家，他们的思维极为活跃，可称之为"智者动"。中国的徽商、晋商都没有浙江的宁波商帮、粤商里的潮州商帮所处的地理环境，思想比较保守，缺乏开拓精神，不思进取。而靠近海洋的商人如著名爱国实业家李嘉诚、包玉刚等人，都是潮州出身的商人，他们都具有强烈的创新理念和创新方略。

企业发展到一定规模，要积极培养选聘职业管理者，所有权与经营权可以分离。职业管理者要承担信托责任，对投资人负责，对国家负责，更要对员工负责，不能把投资人的信托看做自己捞钱的资本。西方国家早在18世纪就出现了信托经理人，他们是受教会委托，管理教会资产的。如果管理不好，要受到神的惩罚，要下地狱，所以，当时的职业经理人受教会神父的信托，履行管理责任应该说是成功的。

要理顺投资人和职业经理人的权利关系，界定授权范围。对职业经理人要信任不放任，放手不甩手，总揽不包揽。做到"君子贞而不谅。"(《论语·卫灵公》，第177页。)企业老板要做君子，要追求大的信念，不要计较蝇头小利。要给职业经理人相当的酬金，并约定"身股"，使他们经济上得到实惠，精神上得到安慰，壮有所用，老有所养，使之忠于企业，为企业奋斗终生。

企业老板要和职业经理人和公司管理层保持沟通，便于及时解决出现的问题。沟通做到“三要三不要”：要及时沟通，不要梗塞；要主动沟通，不要推卸；要和谐沟通，不要指责。这些都是管理者之间经常出现的问题，由于内部沟通不及时，便产生道道瓶颈，出现梗塞，影响企业经营，影响公司在顾客中的信誉。所以，内部沟通绝不是一件小事情，要做到及时沟通、主动沟通、和谐沟通。这样公司一定能形成团结、和谐、欣欣向荣的大好局面。这是管理创新的重要内容，也是企业内固其本的重要方略和措施。

公司不仅要做到内固其本以坚，还要做到外展其势以柔。企业经营者要组织市场营销人员学习营销技巧，组织市场策划，紧紧围绕公司产品和服务，采用多种手段造势，宣传企业形象，展示企业风采，千方百计地让顾客相信你的为人，喜欢你的公司，选用你的公司产品。这里要注意的是，在宣传过程中，千万勿讲大话、空话，语不过头，宁可留点余地，一旦顾客来公司考察，认为你宣传的内容很实在，就能增加客户的信任和好感。

孔子曰：“君子义以为质，礼以行之，信以成之。君子哉。”（《论语·卫灵公》，第172页。）孔子之意是：君子做人应以符合道义为原则，办事应符合礼节，说话要谦虚谨慎，对人要诚实，做到这些，才是一个真正的君子啊！

企业家管理公司，说话办事均应遵从圣贤之教诲，无论是对内对外，都要“义以为质，礼以行之，信以成之”。管理创新离不开商道——仁义之道、诚信之道。只有做到这些，才能保持日日新。

10.5 日日新

汤之盘铭曰：“苟日新，日日新，又日新。”《康诰》曰：“作新民。”《诗》曰：“周虽旧邦，其命惟新。”是故君子无所不用其极。（王国轩、张燕婴、蓝旭、万丽华译：《四书·大学》第三章，中华书局2008年1月版，第106页。）此章之意是说：成汤刻在洗澡盆上的铭文说：假如能够做到每天新，就要保持天天都新，不断地新，新了还要继续新。

《尚书·康诰》说：要鼓励、激励百姓日新又新，做新的民众，有新的风貌。《诗经·大雅·文王》说：周朝虽然是个旧的国家，但它却秉承了新的天命。所以,有道德的人时时都在追求新的最完善的道德境界。这一重要论述,是中国古代先贤进化思想的重要体现,激励今人不断创新。

一部人类社会发展史,就是进步的历史,创新的历史。由于先人之创新,才出现了今天的巨大文明——物质的文明和精神的文明。所以,创新是人类进步的灵魂,这个道理是世人皆知的。

为何要创新?日本的涩泽荣一先生早在1928年就说过:“社会上的事物每年都在发展,学问从内到外也不断有新东西产生。总之,社会必然是日新月异的。”他进一步指出:“社会上的事物,时间一久就会产生弊病,难免长变为短,利成为害,特别是因袭一久,就丧失了活泼精神。”(《论语与算盘》,第81、82页。)如果不创新,人类社会就会倒退,物质财富就会枯竭,文明时代就会退到野蛮时代。

企业要想长盛不衰,就一定要坚持“日日新,又日新”。思想不能僵化,敢把新桃换旧符,才能让千家万户曈曈日。要做到“与时消息”“与时俱进”。旧产品不断更新,贴紧市场,贴近顾客,满足使用者之需求。只有做到“日日新,又日新”,才能永葆基业长青!

本章小结:本章主要论述企业创新之道。面对全球金融危机和激烈的市场竞争,中国之企业家们时刻要有危机感,时时如临深渊,如履薄冰;要紧紧依靠人才,组成团队,破解发展难题,突破发展瓶颈,努力抓好企业战略创新、管理创新、产品创新、服务创新,以实现企业“日日新,又日新”。

结论与建议

结论:《论语》与商道,乍看起来有些别扭,似乎有些不伦不类,风马牛不相及。仔细研究后,就会发现,求财求富之路径虽然很多,但就经商办实业,应是货殖致富之重要渠道。而经商就要有正确的致富之道,才能长久生存与发展。《论语》为工商企业家们指出了真正的致富之道。《论语》要靠商家经营去实践,去发扬;商家要靠《论语》来掌舵,来把握前进之方向。

商道即仁道,仁道即善道。"富与贵,人之所欲也。"只要坚持仁义之道,经商而获得的财富"可处也"。企业家们要"一以贯之"走仁义之道,此乃商界唯一正确之阳关大道,须臾不可偏离矣!

"放于利而行者多怨也。""君子喻于义,小人喻于利。"企业家们要做君子,不做小人。"己欲立而立人,己欲达而达人","泛爱众而亲仁"。孔子这些教诲都是金玉良言也。

建议:今后要多读书,向更深层次研究《论语》的精神大义;且应紧密联系社会生活实际,学有所用。

参考文献

国学类

陈昌明译注:《论语》,山西古籍出版社2001年1月版

陈树德撰:《论语集释》4册,中华书局2008年2月版

涩泽荣一编著,王中江译:《论语与算盘》,江西人民出版社2007年1月版

黄俊杰:《德川日本论语诠释史论》,上海古籍出版社2008年11月版

刘岳兵编著:《中日近现代思想与儒学》,生活、读书、新知三联书店2007年4月版

孔健,于丹著:《论语力》,新世界出版社2008年6月版

孔健编著:《新论语》,中国工人出版社2009年1月版

李泽厚著:《论语今读》,生活、读书、新知三联书店2008年2月版

安德义著:《论语解读》,中华书局2007年7月版

南怀瑾著:《论语别裁》,复旦大学出版社2008年5月版

娄宇烈:《十三堂国学课》,北京大学出版社2009年1月版

傅佩荣著:《细说论语》,上海三联书店2009年3月版

傅佩荣,郭齐勇,孔祥林:《孔子九讲》,中华书局2008年4月版

傅佩荣:《国学的天空》,陕西师范大学出版社2009年9月版

刘介民:《国学基础导论》,广东高等教育出版社2008年8月版

杨伯峻:《孟子译注》,中华书局2008年3月版

梁启超，郭沫若:《孟子二十讲》，华夏出版社2009年3月版
王国轩，张国婴，蓝旭，方丽华:《四书》，中华书局2007年1月版
舒大刚:《墨子的智慧》，中央编译出版社2008年4月版
骈宇骞，王建宇，牟红，郝小刚译注:《孙子兵法》《孙膑兵法》，中华书局2009年11月版
韩非原著，司马哲编著:《韩非子》，中国长安出版社2009年6月版
李耳原著，陈才俊主编:《道德经》，海南出版社2008年4月版
佚原著，王笑平编著:《周易》，蓝天出版社2007年4月版
张太炎:《讲国学》，吉林人民出版社2009年1月版
胡适:《讲国学》，吉林人民出版社2009年1月版
梁启超:《讲国学》，吉林人民出版社2009年1月版
鲁迅:《讲国学》，吉林人民出版社2009年月版
孙钦善等著:《儒家经典与思想研究》，北京大学出版社2009年1月版

哲学类

冯友兰:《中国哲学简史》册
冯友兰:《新世训》，生活、读书、新知三联书店2007年5月
劳思光:《新编中国哲学史》，广西师范大学出版社2007年6月版
张君劢:《儒家哲学之复兴》，中国人民大学出版社2006年9月版
张祥龙:《西方哲学笔记》
刘永升:《培根论说文集》，大众文艺出版社2009年3月版
牟宗三:《康德的道德哲学》，西北大学出版社2008年4月版
罗伯特·罗素:《西方哲学史》，商务印书馆2006年4月版
张祥龙著:《西方哲学笔记》，北京大学出版社2006年4月版

李超杰:《现代西方哲学的精神》,商务印书馆2009年8月版
赖永海:《中国佛教文化论》,中国人民大学出版社2007年7月版
韩林合:《逻辑哲学研究》,商务印书馆2007年8月版
陈波:《逻辑哲学》,北京大学出版社2009年9月版
王路:《走进分析哲学》,中国人民大学出版社2009年5月版
王海明:《人性论》,商务印书馆2005年6月版
穆勒:《功利主义》
罗安宪:《老庄哲学精神》
冯契主编:《哲学大辞典》,上海辞书出版社2008年7月版
程孟辉总监制:《新华大字典》,商务印书馆2006年1月版

史学类

马玉琴主编:《二十五史》,延边人民出版社2001年11月版
柏杨著:《中国人史纲》,山西人民出版社2009年7月版
翦伯赞:《中国史纲要》,北京大学出版社2009年2月版
吴楚材,吴调侯(清)编:《古文观止》,青海人民出版社2004年1月版
吕思勉:《中国通史》,上海古籍出版社2009年7月版

经济管理类

马克思,恩格斯:《资本论》,中央编译局,人民出版社1973年4月版
彼得·F.德鲁克:《管理学》,东方出版社2009年8月版
杰克·韦尔奇:《赢》,中信出版社2007年9月版

白益民著:《三井帝国在行动》,中国经济出版社2008年9月版

宋鸿兵编著:《货币战争》,中信出版社2008年2月版

郭砚霊著:《巴菲特给青年的9个忠告》,台湾海鸽文化图书出版有限公司2006年7月版

高红敏著:《比尔·盖茨给青年的9个忠告》,台湾海鸽文化图书出版有限公司2005年10月版

杨乐著:《西点军校给青年的16个忠告》,台湾海鸽文化图书出版有限公司2007年5月版

胡德海著:《教育学原理》,甘肃教育出版社2006年9月版

郎咸平:《谁在扼杀中国经济》,东方出版社2009年6月版

哈罗德·詹姆斯著,暴永宁译:《家族企业》,生活、读书、新知三联书店2008年5月版

杨柯,高菊,宋跃华编著:《商用德川家康》,广东经济出版社2009年3月版

王进:《山西煤老板》,作家出版社2009年10月版

李德林,尹锋著:《黄光裕真相》,经济日报出版社2009年5月版

后记

在我的导师、北京大学哲学系教授魏常海老师的热心指导下，我选择《〈论语〉与商道》作为本书名。在书名写作过程中，有幸在北大勺园等处，聆听北京大学哲学系教授汤一介、娄宇烈、李四龙、张祥龙、杨立华、李超杰、陈少峰及中科院徐小梅、首都师范大学鲁洪生、中国人民大学罗安宪、南京大学徐小跃等著名教授及台湾学者王晓波、陈鼓应、傅佩荣等名师的精彩演讲，所学内容非常丰富。时隔数十年的今天，使我有机会受到一次新的启蒙教育。

我的博导北京大学哲学系魏常海教授从指导我选题，到写作要点及篇章结构，数次给予耐心的辅导，并亲自给我的书写前言。魏教授师德之崇高、知识之渊博，实在令我终身难忘！

我们的带班老师郑杰老师亲自为我购买《论语与算盘》一书，并邮寄给我，并给学员们安排有益的班级活动，深表感谢！

北京大学哲学系博士生吴宁君，多次热心为学员们辅导论文写作知识，讲解注意事项，在此亦表示谢意。

本书摘要英文文稿，由我的孙女倪芳珺和二外孙吴浩然二人帮助翻译，对他们辛勤劳动亦表谢意！

我单位倪洁老师、杨微雨作了校对，秦祥、何君霞等人为我维护电脑，下载相关资料，打印文稿。在此，一并表示感谢！

倪世和　2010-6-20

图书在版编目(CIP)数据

《论语》与商道/倪世和著. —南昌:江西人民出版社,2010.6

ISBN 978-7-210-04534-2

Ⅰ.①论… Ⅱ.①倪… Ⅲ.①论语—应用—企业管理
Ⅳ.①F270

中国版本图书馆 CIP 数据核字(2010)第 122118 号

《论语》与商道
倪世和　著
江西人民出版社出版发行
江西省和平印务有限公司印刷　新华书店经销
2010 年 6 月第 1 版　2011 年 4 月第 2 次印刷
开本:787 毫米×1092 毫米　1/16　印张:10.25　字数:150千字

ISBN 978-7-210-04534-2　定价:19.00 元
赣版权登字—01—2010—30

江西人民出版社　地址:江西省南昌市三经路 47 号附 1 号
邮政编码:330006　传真:0791-6898827　电话:0791-6898893(发行部)
网址:www.jxpph.com
E-mail:jxpph@tom.com　web@jxpph.com
(赣人版图书凡属印刷、装订错误,请随时向承印厂调换)